歷代聖哲像傳

清·曾國藩記
王紫珊輯

廣陵書社
江蘇·揚州

圖書在版編目(CIP)數據

歷代聖哲像傳/(清)曾國藩記;王紫珊輯.—揚州:廣陵書社,2009.5
ISBN 978-7-80694-462-2

Ⅰ.歷… Ⅱ.①曾…②王… Ⅲ.歷史人物—列傳—中國—古代—畫册 Ⅳ.K820.2-64

中國版本圖書館 CIP 數據核字(2009)第 071198 號

歷代聖哲像傳

作者 清·曾國藩記 王紫珊輯
責任編輯 胡正娟
出版發行 廣陵書社
社址 揚州市文昌西路雙博館
郵編 二二五〇一二
電話 (〇五一四)八五二二八〇八八 八五二二八〇八九
印刷 揚州市文津閣古籍印務有限公司
版次 二〇〇九年五月第一版第一次印刷
標準書號 ISBN 978-7-80694-462-2
定價 貳佰陸拾圓整(全貳册)

http://www.yzglpub.com E-mail:yzglss@163.com

出版說明

曾國藩，晚清著名的軍事家、理學家、政治家。梁啓超對曾國藩頗爲推崇，曾在《曾文正嘉言鈔》序中指出曾氏『豈惟近代，蓋有史以來不一二睹之大人也已；豈惟我國，抑全世界不一二睹之大人也已。然而文正固非有超群絕倫之天才，在并時諸賢杰中，稱最鈍拙；其所遭值事會，亦終生在指逆之中；然乃立德、立功、立言三不朽，所成就震古鑠今而莫與競者，其一生得力在立志自拔于流俗，而困而知，而勉而行，歷百千艱阻而不挫屈，不求近效，銖積寸累，受之以虛，將之以勤，植之以剛，貞之以恒，帥之以誠，勇猛精進，堅苦卓絕……』

曾國藩曾任文淵閣校理，任職期間因職務之便，得觀《四庫全書》及宮廷藏書之富，遂心生感嘆，『雖有生知之姿，累世不能竟其業』，富若江海之書，『非一人之腹所能盡飲』，要在慎擇，『余既自度其不逮，乃擇古今聖哲三十餘人，命兒子紀澤圖其遺像，都爲一卷，藏之家塾，嗣有志讀書，取足于此，不必廣心博騖。而斯文之傳，莫大乎是矣』。曾國藩有感于此，遂從我國古代的歷史名人中精選周文王、周公、孔子、孟子以逮顧炎武、秦蕙田、姚鼐、王念孫等三十二位聖

哲作爲學習的榜樣，畫龍點睛地概述其成就，并借此作爲後學者爲文的圭臬，是爲《聖哲畫像記》。其子曾紀澤繪聖哲之圖以配之，然圖久不傳。後豐潤王紫珊廣爲搜輯，無者闕之，後附以各史本傳，各史本傳沒有記載的，則旁徵藝文與圖籍。民國二十五年可園蔡冠洛欲重行印行，但舊版漫漶，聖哲畫像儀容不肅，遂約請民國時期以藝事著稱，亦嘗心儀聖哲者李鴻梁、田康濟、夏貞叔、夏惠民、仲咏沂、岳石塵、翁雲書、孔雲白等八人重彩勾勒，『庶使先哲聲音容貌，優然可接』。以彰曾國藩詔示後人之意。畫像仍其闕失，所附傳記，一如舊出。末附蔡冠洛所撰《曾國藩傳》以殿其後，意即『以文正亦三十二人之類也，後人所當心儀而弗失者也』。

今我社以民國二十五年國學整理社出版，世界書局印行的《聖哲畫像記附畫像傳》爲底本，更名爲《歷代聖哲像傳》，以綫裝的形式影印出版，以饗讀者。

廣陵書社

二〇〇九年五月

序

曾文正公所記聖哲畫像。故爲惠敏公所圖。圖久不傳。豐潤王君紫珊廣爲搜輯。無者闕之。後坿以各史本傳。各史傳不及載者。乃旁徵藝文與圖。壹是求其可據。不敢以臆爲說。某嘗與爲搜輯。既成書。紫珊屬發其誼。維文正公學問事功。爲前清一代不數出之人。而其規橅略具於此記。蓋吾國學問之涂博矣。苟能有一焉。深造自得。皆可以作事就功。而著績效於天下。自文周以下。有得爲。有不得爲。兼之者公也。去今才五六十年。其軍謀吏政之詳。無一不藉藉傳播人口。照人耳目。赫赫若前日事。公又數數自爲記述。歷困苦艱虞百厄千坎不頓折。言之若甚矜寵然者。則唯拙誠兩言。拙誠果足以治天下事乎。吏政猶或近之。軍謀則背馳之道也。吾國言兵。祖太公望呂尚。六韜所傳。或不免後人羼造。陰謀傾商。其事多兵權奇計。太史公所記。當不甚遠。兵不厭詐。以勝爲歸。其所由來久矣。城濮之役。晉文公用舅犯之謀。以詐勝楚。至於行賞。乃先雍季而後舅犯。曰。奈何以一時之利。滅萬世之功。爲政之道。與用兵不同也。文公知之。故能一戰而霸。終春秋之世。晉爲強國。公乃一切處以拙誠。方洪楊之強。蹂躪幾徧十八行省。以向忠武之勇。江忠烈之智。終不能稍挫其鋒。而裁定大難。乃歸之一二讀書講道文儒將卒。相與有師弟子之誼。用能轉敗爲功。復厝天下於泰山之安。蓋公始從軍。即寄軍謀於吏政。而一毋之以學問。嚴緝匪從。以清盜賊之原。廣厲習尚。以植人才之本。金陵甫下。開局刊書。以饟士林。取道若迂曲。不甚切於情勢。卒其所以收成功。反徑直。且大而遠。業業而安者。累世六七十年。使由其治而不變。清雖至今存可也。自古禍變之亡人家國。恒由巧智而生。我利抵人之間隙。已先以間隙與人。隙與隙軋。後發者勝。結而不解。必至俱傷兩敗。無有一焉之可幸。始於秦。歷魏晉南北二十二朝後五代。亡國亂君相隨屬。終其身與禍變相循。曾不得一日治安。旋興而旋滅。豈皆運會之適然哉。不學無術。班孟堅固不專爲霍光言也。以巧智御禍變。禍變平而巧智轉爲引禍變之介。兩漢唐宋元明清開創諸君。其始亦閒用巧智以詐取天下。及禍變已平。乃能別白一時之利與萬世之功。若晉文公者。與天下從事於拙誠之道。詐取正守。其享國雖不及三代久長。多者二三百年。少亦百有餘年。視旋得旋失者。所報不已豐哉。若文王周公造周。卜年八百。非唯絕非後世所能及。亦且遠過夏商。蓋當肇基之始。規橅固不侔矣。天下非古今有異也。人民之好治惡亂猶是也。秦始皇譏笑三代。梁太祖惡人談儒術。自詡以不學成功。天下之人。習於治日少而亂日多。亦謂三代之治必不可復。聞人談兩漢唐宋。元明清詐取正守。究有治平之一日。便覺身在黃農虞夏。觀公所成之事功。即軍謀亦不肯用詐。唯以忠誼爲倡。其規橅與文周造周復何異。惜不得大有爲之藉。不能盡行其道。故事功遂止於是也。所記三十二聖哲。自文周以下。大率不能行其道。葛陸范馬小試之矣。而亦不得大有爲之藉。

曾文正公所定聖哲畫像記。故[illegible]公所圖[illegible]

[illegible]

文正公學問事功[illegible]清一代[illegible]

[illegible]

天下自文周以下[illegible]集大成者公也[illegible]

[illegible]

天下亦泰山之安。蓋公[illegible]

歷代聖哲像傳

序

一

文周以下。大率不能行其道[illegible]

[illegible]

餘則徒託空言。生才不用。餘一二千年。只有此數。吾於是而知天之不欲平治天下也。如欲平治天下。舍此更有何人。舍此數聖哲所由之道。更未由也。甲寅季秋信都趙衡記。

目錄

目錄

聖哲畫像記

曾國藩

國藩志學不早。中歲側身朝列。竊窺陳編。稍涉先聖昔賢魁儒長者之緒。駑緩多病。百無一成。軍旅馳驅。益以蕪廢。喪亂未平。而吾年將五十矣。往者吾讀班固藝文志及馬氏經籍考。見其所列書目。叢雜猥多。作者姓氏。至於不可勝數。或昭昭於日月。或湮沒而無聞。及爲文淵閣直閣校理。每歲二月。侍從宣宗皇帝入閣。得觀四庫全書。其富過於前代所藏遠甚。而存目之書數十萬卷。尚不在此列。嗚呼。何其多也。雖有生知之姿。累世不能竟其業。況其下焉者乎。故書籍之浩浩。箸述者之衆。若江海然。非一人之腹所能盡飲也。要在慎擇焉而已。余既自度其不逮。乃擇古今聖哲三十餘人。命兒子紀澤圖其遺像。都爲一卷。藏之家塾。後嗣有志讀書。取足於此。不必廣心博騖。而斯文之傳。莫大乎是矣。昔在漢世。若武梁祠魯靈光殿。皆圖畫偉人事蹟。而列女傳亦有畫像。感發興起。由來已舊。習其器矣。進而索其神。通其微。合其莫。心誠求之。仁遠乎哉。國藩記。

堯舜禹湯。史臣記言而已。至文王拘幽。始立文字。演周易。周孔代興。六經炳著。師道備矣。秦漢以來。孟子蓋與莊荀並稱。至唐韓氏。獨尊異之。而宋之賢者。以爲可躋之尼山之次。崇其書以配論語。後之論者。莫之能易也。茲以亞於三聖人後云。

左氏傳經。多述二周典禮。而好稱引奇誕。文辭爛然。浮於質矣。太史公稱莊子之書皆寓言。吾觀子長所爲史記。寓言亦居十之六七。班氏閎識孤懷。不逮子長遠甚。然經世之典。六藝之旨。文字之源。幽明之情狀。粲然大備。豈與夫斗筲者爭得失於一先生之前。姝姝而自悅者哉。

諸葛公當擾攘之世。被服儒者。從容中道。陸敬輿事多疑之主。馭難馴之將。燭之以至明。將之以至誠。譬若御駑馬登峻阪。縱橫險阻而不失其馳。何其神也。范希文司馬君實。遭時差隆。然堅卓誠信。各有孤詣。其以道自持。蔚成風俗。意量亦遠矣。昔劉向稱董仲舒王佐之才。伊呂無以加。管晏之屬。殆不能及。而劉歆以爲董子師友所漸。曾不能幾乎游夏。以予觀四賢者。雖未逮乎伊呂。固將賢於董子。惜乎不得如劉向父子而論定耳。

自朱子表章周子二程子張子。以爲上接孔孟之傳。後世君相師儒。篤守其說。莫之或易。乾隆中。閎儒輩起。訓詁博辨。度越昔賢。別立徽志。號曰漢學。擯有宋五子之術。以謂不得獨尊。而篤信五子者。亦屏棄漢學。以爲破碎害道。斷斷焉而未有已。吾觀五子立言。其大者多合於洙泗。何可議也。其訓釋諸經。小有不當。固當取近世經說以輔翼之。又可屏棄羣言以自隘乎。斯二者亦俱譏焉。

西漢文章。如子雲相如之雄偉。此天地遒勁之氣。得於陽與剛之美者也。此天地之義氣也。劉向匡衡之淵懿。此天地溫厚之氣。得於陰與柔之美者也。此天地之仁氣也。東漢以還。淹雅無慙於古。而風骨少隤矣。韓柳有

作。盡取楊馬之雄奇萬變。而內之於薄物小篇之中。豈不詭哉。歐陽氏曾氏。皆法韓公。而體質於匡劉爲近。文章之變。莫可窮詰。要之不出此二途。雖百世可知也。

余鈔古今詩。自魏晉至國朝。得十九家。蓋詩之爲道廣矣。嗜好趨向。各視其性之所近。猶庶羞百味。羅列鼎俎。但取適吾口者嚌之得飽而已。必窮盡天下之佳肴。辨嘗而後供一饌。是大惑也。必強天下之舌。盡效吾之所嗜。是大愚也。莊子有言。大惑者終身不解。大愚者終身不靈。余於十九家中。又篤守夫四人者焉。唐之李杜。宋之蘇黃。好之者十有七八。非之者亦且二三。余懼蹈莊子不解不靈之譏。則取足於是終身焉已耳。

司馬子長。網羅舊聞。貫串三古。而八書頗病其略。班氏志較詳矣。而斷代爲書。無以觀其會通。欲周覽經世之大法。必自杜氏通典始矣。馬端臨文獻通考。杜氏伯仲之閒。鄭志非其倫也。百年以來。學者講求形聲故訓。專治說文。多宗許鄭。少談杜馬。吾以許鄭考先王制作之源。杜馬辨後世因革之要。其於實事求是一也。

先王之道。所謂修己治人。經緯萬彙者何歸乎。亦曰禮而已矣。秦滅書籍。漢代諸儒之所掇拾。鄭康成之所以卓絕。皆以禮也。杜君卿通典。言禮者十居其六。其識已跨越八代矣。有宋張子朱子所討論。馬貴與王伯厚之所纂輯。莫不以禮爲兢兢。我朝學者。以顧亭林爲宗。國史儒林傳。褎然冠首。吾讀其書。言及禮俗教化。則毅然有守先待後。舍我其誰之志。何其壯也。厥後張蒿菴作中庸論。及江愼修戴東原輩。尤以禮爲先務。而秦尚書蕙田。遂纂五禮通考。舉天下古今幽明萬事。而一經之以禮。可謂體大而思精矣。吾圖畫國朝先正遺像。首顧先生。次秦文恭公。亦豈無微旨哉。桐城姚鼐姬傳。高郵王念孫懷祖。其學皆不純於禮。然姚先生持論閎通。國藩之粗解文章。由姚先生啓之也。王氏父子。集小學訓詁之大成。夐乎不可幾已。故以殿焉。

姚姬傳氏言學問之途有三。曰義理。曰詞章。曰考據。戴東原氏亦以爲言。如文周孔孟之聖。左莊馬班之才。誠不可以一方體論矣。至若葛陸范馬。在聖門則以德行而兼政事也。周程張朱。在聖門則德行之科也。皆義理也。韓柳歐曾李杜蘇黃。在聖門則言語之科也。所謂詞章者也。許鄭杜馬顧秦姚王。在聖門則文學之科也。顧秦於杜馬爲近。姚王於許鄭爲近。皆考據也。此三十二子者。師其一人。讀其一書。終身用之有不能盡。若又有陋於此而求益於外。譬若掘井九仞而不及泉。則以一井爲隘。而必廣掘數十百井。身老力疲。而卒無見泉之一日。其庸有當乎。

自浮屠氏言因果禍福。而爲善獲報之說。深中於人心。牢固而不可破。士方其佔畢咿唔。則期報於科第祿仕。或少讀古書。竊著作之林。則責報於遐邇之譽。後世之名。纂述未及終編。輒冀得一二有力之口。騰播人人之耳。以償吾勞也。朝耕而暮穫。一施而十報。譬若沽酒市脯。喧聒以責之貸者。又取倍稱之息焉。祿利之不遂。則徼倖於沒世不可知之名。甚者。至謂

孔子生不得位。沒而俎豆之報。隆於堯舜。鬱鬱者以相證慰。何其陋與。今夫三家之市。利析錙銖。或百錢逋負。怨及孫子。若通闤貿易。瓌貨山積。動逾千金。則百錢之有無。有不暇計較者矣。富商大賈。黃金百萬。公私流衍。則數十百緡之費。有不暇計較者矣。均是人也。所操者大。猶有不暇計其小者。況天之所操尤大。而於世人豪末之善。口耳分寸之學。而一一謀所以報之。不亦勞哉。商之貨殖同。時同。而或贏或絀。射策者之所業同。而或中或罷。爲學著書之深淺同。而或傳或否。或名或不名。亦皆有命焉。非可強而幾也。古之君子。蓋無日不憂。無日不樂。道之不明。己之不免爲鄉人。一息之或懈。憂也。居易以俟命。下學而上達。仰不愧而俯不怍。樂也。自文王周孔三聖人以下。至於王氏。莫不憂以終身。樂以終身。無所於祈。何所爲報。己則自晦。何有於名。惟莊周司馬遷柳宗元三人者。傷悼不遇。怨悱形於簡冊。其於聖賢自得之樂。稍違異矣。然彼自惜不世之才。非夫無實而汲汲時名者比也。苟汲汲於名。則去三十二子也遠矣。將適燕晉而南其轅。其於術不益疏哉。

文、周、孔、孟、班、馬、左、莊、葛、陸、范、馬、周、程、朱、張、韓、柳、歐、曾、李、杜、蘇、黃、許、鄭、杜、馬、顧、秦、姚、王、三十二人。俎豆馨香。臨之在上。質之在旁。

周文王象

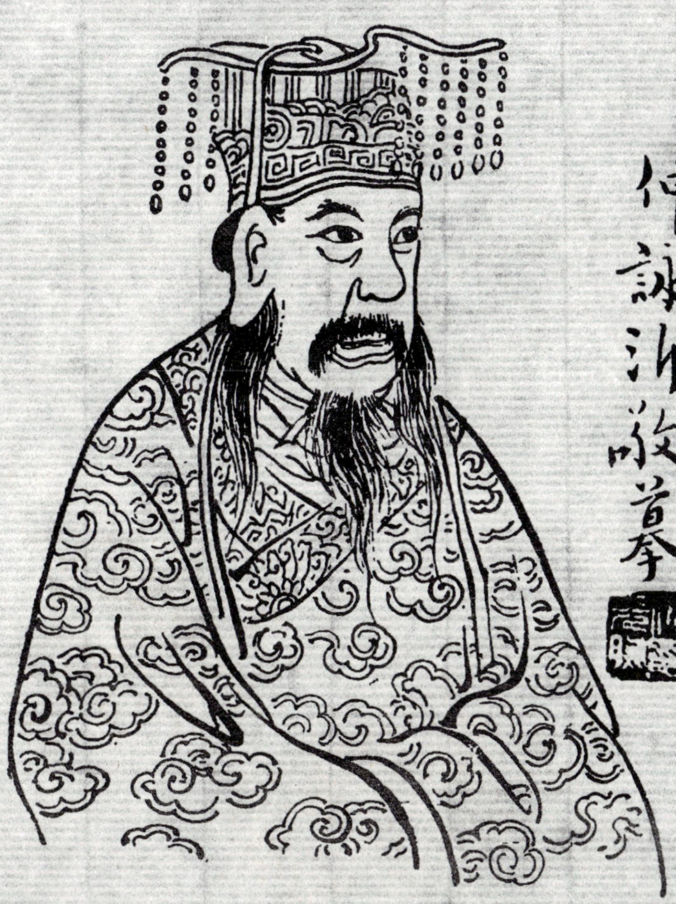

仲詠沂敬摹

周文王傳

周文王。名昌、初古公有長子曰太伯。次曰虞仲。太姜生少子季歷。季歷娶太任。皆賢婦人。生昌。有聖瑞。古公曰。我世當有興者。其在昌乎。長子太伯虞仲。知古公欲立季歷以傳昌。乃二人亡如荆蠻。文身斷髮。以讓季歷。古公卒。季歷立。是爲公季。公季修古公遺道。篤於行義。諸侯順之。公季卒。子昌立。是爲西伯。西伯曰。文王。遵后稷公劉之業。則古公公季之法。篤仁敬老慈少。禮下賢者。日中不暇食以待士。士以此多歸之。伯夷叔齊在孤竹。聞西伯善養老。盍往歸之。太顛閎夭散宜生鬻子辛甲大夫之徒。皆往歸之。崇侯虎譖西伯於殷紂曰。西伯積善累德。諸侯皆嚮之。將不利於帝。帝紂乃囚西伯於羑里。閎夭之徒患之。乃求有莘氏美女。驪戎之文馬。有熊九駟。他奇怪物。因殷嬖臣費仲而獻之紂。紂大悅曰。此一物足以釋西伯。況其多乎。乃赦西伯。賜之弓矢斧鉞。使西伯得征伐。曰譖西伯者。崇侯虎也。西伯乃獻洛西之地。以請紂去炮烙之刑。紂許之。西伯陰行善。諸侯皆來決平。於是虞芮之人有獄不能決。乃如周。入界。耕者皆讓畔。民俗皆讓長。虞芮之人未見西伯。皆慙相謂曰。吾所爭。周人所恥。何往爲。秖取辱耳。遂還。俱讓而去。諸侯聞之曰。西伯蓋受命之君。明年伐犬戎。明年伐密須。明年敗耆國。殷之祖伊聞之。懼以告帝紂。紂曰。不有天命乎。是何能爲。明年伐邗。明年伐崇侯虎。而作豐邑。自岐下而徙都豐。明年。西伯崩。太子發

立。是爲武王。西伯蓋即位五十年。其囚羑里。蓋益易之八卦爲六十四卦。詩人道西伯蓋受命之年稱王。而斷虞芮之訟。後十年而崩。謚爲文王。改法度。制正朔矣。追尊古公爲太王。公季爲王季。蓋王瑞自太王興。（節史記周本紀）

周元聖像

夏惠民敬摹

周公旦傳

周公旦者。周武王弟也。自文王在時。旦爲子孝。篤仁異於羣子。及武王即位。旦常輔翼武王。用事居多。武王九年。東伐至盟津。周公輔行。十一年伐紂至牧野。周公佐武王作牧誓。破殷。入商宮。已殺紂。周公把大鉞。召公把小鉞。以夾武王。釁社告紂之罪于天及殷民。釋箕子之囚。封紂子武庚祿父。使管叔蔡叔傅之。以續殷祀。徧封功臣同姓戚者。封周公旦於少昊之虛曲阜。是爲魯公。周公不就封。留佐武王。武王克殷二年。天下未集。武王有疾不豫。羣臣懼。太公召公乃繆卜。周公曰。未可以戚我先王。周公於是乃自以爲質。設三壇。周公北面立。戴璧秉圭。告于大王王季文王。史策祝曰。惟爾元孫王發。勤勞阻疾。若爾三王。是有負子之責於天。以旦代王發之身。旦巧能。多材多藝。能事鬼神。乃王發不如旦多材多藝。不能事鬼神。乃命于帝庭。敷佑四方。用能定汝子孫于下地。四方之民。罔不敬畏。無墜天之降葆命。我先王亦永有所依歸。今我其即命於元龜。爾之許我。我其以璧與圭歸。以俟爾命。爾不許我。我乃屛璧與圭。周公已令史策告大王王季文王。欲代武王發。於是乃即三王而卜。卜人皆曰吉。發書視之。信吉。周公喜。開籥。乃見書遇吉。周公入賀武王曰。王其無害。旦新受命三王。維長終是圖。茲道能念予一人。周公藏其策金縢匱中。誡守者勿敢言。明日。武王有瘳。其後武王既崩。成王少。在強葆之中。周公恐天下聞武王崩而

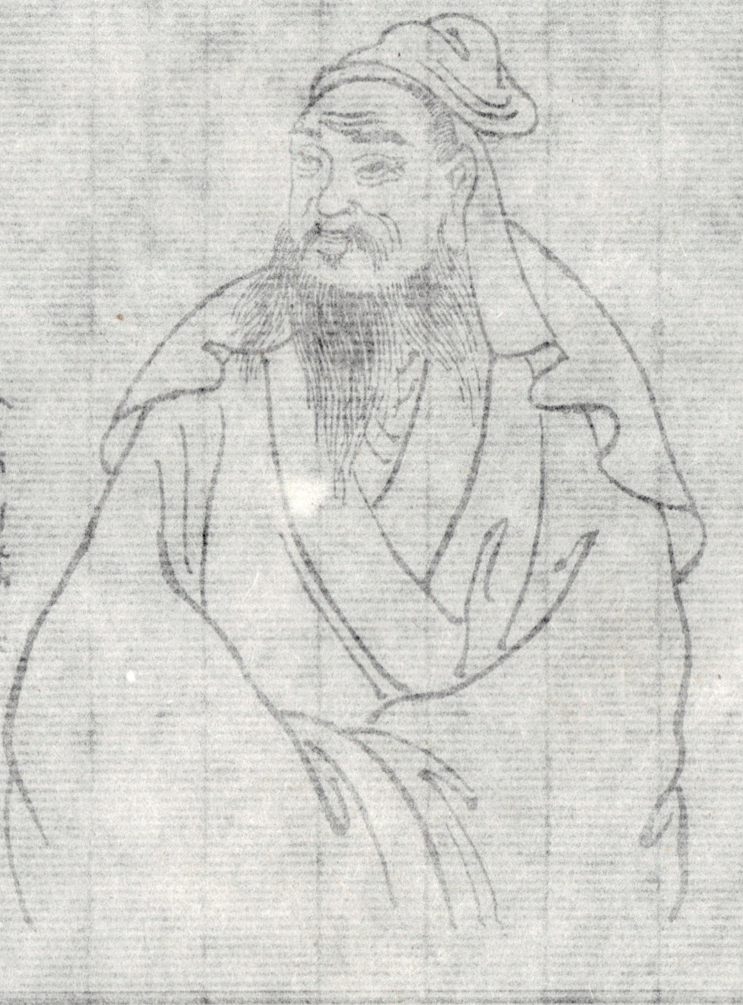

畔。周公乃踐阼。代成王攝行政當國。管叔及其羣弟流言於國曰。周公將不利於成王。周公乃告太公望召公奭曰。我之所以弗辟而攝行政者。恐天下畔周。無以告我先王大王王季文王。三王之憂勞天下久矣。於今而后成。武王蚤終。成王少。將以成周。我所以爲之若此。於是卒相成王。而使其子伯禽代就封於魯。周公戒伯禽曰。我文王之子。武王之弟。成王之叔父。我於天下亦不賤矣。然我一沐三捉髮。一飯三吐哺。起以待士。猶恐失天下之賢人。子之魯。愼無以國驕人。管蔡武庚等果率淮夷而反。周公乃奉成王命。興師東伐。作大誥。遂誅管叔。殺武庚。放蔡叔。收殷餘民。以封康叔於衞。封微子於宋。以奉殷祀。寧淮夷東土。二年而畢定。諸侯咸服宗周。天降祉福。唐叔得禾。異母同穎。獻之成王。成王命唐叔以餽周公於東土。作餽禾。周公既受命禾。嘉天子命。作嘉禾。東土以集。周公歸報成王。乃爲詩貽王。命之曰鴟鴞。王亦未敢訓周公。成王七年二月乙未。王朝步自周至豐。使太保召公先之雒相土。其三月。周公往營成周雒邑。卜居焉。曰吉遂國之。成王長。能聽政。於是周公乃還政於成王。成王臨朝。周公之代成王。治南面倍依以朝諸侯。及七年後。還政成王。北面就臣位。匔匔如畏然。初。成王少時病。周公乃自揃其蚤沈之河。以祝於神曰。王少未有識。奸神命者。乃旦也。亦藏其策於府。成王病有瘳。及成王用事。人或譖周公。周公奔楚。成王發府。見周公禱書。乃泣。反周公。周公歸。恐成王壯。治有所淫佚。乃作多士。作毋逸。毋逸稱爲人父母爲業至長久。子孫驕奢忘之以亡其家。爲人子可不愼乎。故昔在殷王中宗。嚴恭敬畏天命自度。治民震懼。不敢荒寧。故中宗饗國七十五年。其在高宗。久勞于外。爲與小人。作其即位。乃有亮闇三年不言。言乃讙。不敢荒寧。密靖殷國。至於小大無怨。故高宗饗國五十五年。其在祖甲。不義惟王。久爲小人于外。知小人之依。能保施小民。不侮鰥寡。故祖甲饗國三十三年。多士稱曰。自湯至于帝乙。無不率祀明德。帝無不配天者。在今後嗣王紂。誕淫厥佚。不顧天及民之從也。其民皆可誅。周多士。文王日中昃不暇食。饗國五十年。作此以誡成王。成王在豐。天下已安。周之官政未次序。於是周公作周官。官別其宜。作立政以便百姓。百姓說。周公在豐病。將沒。曰必葬我成周。以明吾不敢離成王。周公既卒。成王亦讓。葬周公於畢。從文王。以明予小子不敢臣周公也。周公卒後。秋未穫。暴風雷雨。禾盡偃。大木盡拔。周國大恐。成王與大夫朝服以開金縢書。王乃得周公所自以爲功代武王之說。二公及王。乃問史百執事。史百執事曰。信有。昔周公命我勿敢言。成王執書以泣。曰自今後其無繆卜乎。昔周公勤勞王家。惟予幼人弗及知。今天動威以彰周公之德。惟朕小子其迎。我國家禮亦宜之。王出郊。天乃雨。反風。禾盡起。二公命國人凡大木所偃。盡起而築之。歲則大熟。於是成王乃命魯得郊。祭文王。魯有天子禮樂者。以褒周公之德也。（節史記魯周公世家）

宣聖遺象

孔子傳

孔子生魯昌平鄉陬邑。其先宋人也。曰孔防叔。防叔生伯夏。伯夏生叔梁紇。紇與顏氏女野合而生孔子。禱於尼丘。得孔子。魯襄公二十二年而孔子生。生而首上圩頂。故因名曰丘云。字仲尼。姓孔氏。丘生而叔梁紇死。葬於防山。防山在魯東。由是孔子疑其父墓處。母諱之也。孔子爲兒嬉戲。常陳俎豆。設禮容。孔子母死。乃殯五父之衢。蓋其愼也。聊人輓父之母誨孔子父墓。然後往合葬於防焉。孔子要絰。季氏饗士。孔子與往。陽虎絀曰。季氏饗士。非敢饗子也。孔子由是退。孔子年十七。魯大夫孟釐子病且死。誡其嗣懿子曰。孔丘聖人之後。滅於宋。其祖弗父何。始有宋而嗣讓厲公。及正考父佐戴武宣公。三命茲益恭。故鼎銘云。一命而僂。再命而傴。三命而俯。循牆而走。亦莫敢余侮。饘於是。粥於是。以餬余口。其恭如是。吾聞聖人之後。雖不當世。必有達者。今孔丘年少好禮。其達者歟。吾即沒。若必師之。及釐子卒。懿子與魯人南宮敬叔往學禮焉。是歲。季武子卒。平子代立。孔子貧且賤。及長。嘗爲季氏史。料量平。嘗爲司職吏。而畜蕃息。由是爲司空。已而去魯。斥乎齊。逐乎宋衞。困於陳蔡之間。於是反魯。孔子長九尺有六寸。人皆謂之長人而異之。魯復善待。由是反魯。魯南宮敬叔言魯君曰。請與孔子適周。魯君與之一乘車。兩馬。一豎子。俱適周問禮。蓋見老子云。辭去。而老子送之曰。吾聞富貴者。送人以財。仁人者。送人以言。吾不能富貴。

宣聖讚象

孔子傳

[illegible]

竊仁人之號。送子以言曰。聰明深察而近於死者。好議人者也。博辯廣大。危其身者。發人之惡者也。爲人子者。毋以有己。爲人臣者。毋以有己。孔子自周反于魯。弟子稍益進焉。是時也。晉平公淫。六卿擅權。東伐諸侯。楚靈王兵彊。陵轢中國。齊大而近於魯。魯小弱。附於楚則晉怒。附於晉則楚來伐。不備於齊。齊師侵魯。魯昭公之二十年。而孔子蓋年三十矣。齊景公與晏嬰來適魯。景公問孔子曰。昔秦穆公國小處辟。其霸何也。對曰。秦國雖小。其志大。處雖辟。行中正。身擧五羖。爵之大夫。起纍紲之中。與語三日。授之以政。以此取之。雖王可也。其霸小矣。景公說。孔子年三十五。而季平子與郈昭伯以鬭雞故得罪魯昭公。昭公率師擊平子。平子與孟氏叔孫氏三家。共攻昭公。昭公師敗。奔於齊。齊處昭公乾侯。其後頃之。魯亂。孔子適齊。爲高昭子家臣。欲以通乎景公。與齊太師語樂。聞韶音學之。三月不知肉味。齊人稱之。景公問政孔子。孔子曰。君君。臣臣。父父。子子。景公曰。善哉。信如君不君。臣不臣。父不父。子不子。雖有粟。吾豈得而食諸。他日又復問政於孔子。孔子曰。政在節財。景公說。將欲以尼谿田封孔子。晏嬰進曰。夫儒者滑稽而不可軌法。倨傲自順。不可以爲下。崇喪遂哀。破產厚葬。不可以爲俗。游說乞貸。不可以爲國。自大賢之息。周室既衰。禮樂缺有間。今孔子盛容飾。繁登降之禮。趨詳之節。累世不能殫其學。當年不能究其禮。君欲用之。以移齊俗。非所以先細民也。後景公敬見孔子。不問其禮。異日。景公止孔子曰。奉子以季氏。吾不能以季孟之間待之。齊大夫欲害孔子。孔子聞之。景公曰。吾老矣。弗能用也。孔子遂行。反乎魯。孔子年四十二。魯昭公卒於乾侯。定公立。定公立五年。夏。季平子卒。桓子嗣立。季桓子穿井得土缶。中若羊。問仲尼云得狗。仲尼曰。以丘所聞。羊也。丘聞之。木石之怪夔罔閬。水之怪龍罔象。土之怪墳羊。吳伐越。墮會稽。得骨節專車。吳使使問仲尼。骨何者最大。仲尼曰。禹致羣神於會稽山。防風氏後至。禹殺而戮之。其節專車。此爲大矣。吳客曰。誰爲神。仲尼曰。山川之神。足以綱紀天下。其守爲神。社稷爲公侯。皆屬於王者。客曰。防風何守。仲尼曰。汪罔氏之君。守封禺之山。爲釐姓。在虞夏商爲汪罔。於周爲長翟。今謂之大人。客曰。人長幾何。仲尼曰。僬僥氏三尺。短之至也。長者不過十之。數之極也。於是吳客曰。善哉聖人。桓子嬖臣曰仲梁懷。與陽虎有隙。陽虎欲逐懷。公山不狃止之。其秋。懷益驕。陽虎執懷。桓子怒。陽虎因囚桓子。與盟而醳之。陽虎由此益輕季氏。季氏亦僭於公室。陪臣執國政。是以魯自大夫以下。皆僭離於正道。故孔子不仕。退而脩詩書禮樂。弟子彌衆。至自遠方。莫不受業焉。定公八年。公山不狃不得意於季氏。因陽虎爲亂。欲廢三桓之適。更立其庶孽。陽虎素所善者。遂執季桓子。桓子詐之。得脫。定公九年。陽虎不勝。奔于齊。是時孔子年五十。公山不狃以費畔季氏。使人召孔子。孔子循道彌久。溫溫無所試。莫能己用。曰。蓋周文武起豐鎬而王。今費雖小。儻庶幾乎。欲往。子路不說。止孔子。孔子曰。夫召我者。豈徒哉。如用我。其爲東周乎。然亦卒不行。其後定公以孔子爲中都宰。一年。四方皆則之。由中都宰爲司空。

由司空爲大司寇。定公十年春。及齊平。夏。齊大夫犂鉏言於景公曰。魯用孔丘。其勢危齊。乃使使告魯爲好會。會於夾谷。魯定公且以乘車好往。孔子攝相事。曰。臣聞有文事者必有武備。有武事者必有文備。古者諸侯出疆。必具官以從。請具左右司馬。定公曰。諾。具左右司馬。會齊侯夾谷。爲壇位。土階三等。以會遇之禮相見。揖讓而坐。獻酬之禮畢。齊有司趨而進曰。請奏四方之樂。景公曰。諾。於是旍旄羽袚矛戟劍撥。鼓譟而至。孔子趨而進。歷階而登。不盡一等。舉袂而言曰。吾兩君爲好會。夷狄之樂何爲於此。請命有司。有司却之不去。則左右視晏子與景公。景公心怍。麾而去之。有頃。齊有司趨而進曰。請奏宮中之樂。景公曰。諾。優倡侏儒爲戲而前。孔子趨而進。歷階而登。不盡一等。曰。匹夫而熒惑諸侯者。罪當誅。請命有司。有司加法焉。手足異處。景公懼而動。知義不若。歸而大恐。告其羣臣曰。魯以君子之道輔其君。而子獨以夷狄之道教寡人。使得罪於魯君。爲之奈何。有司進對曰。君子有過則謝以質。小人有過則謝以文。君若悼之。則謝以實。於是齊侯乃歸所侵魯之鄆汶陽龜陰之田。以謝過。定公十三年夏。孔子言於定公曰。臣無藏甲。大夫毋百雉之城。使仲由爲季氏宰。將墮三都。於是叔孫氏先墮郈。季氏將墮費。公山不狃叔孫輒率費人襲魯。公與三子入于季氏之宮。登武子之臺。費人攻之。弗克。入及公側。孔子命申句須樂頎下伐之。費人北。國人追之。敗諸姑蔑。二子犇齊。遂墮費。將墮成。公斂處父謂孟孫曰。墮成。齊人必至于北門。且成。孟氏之保鄣。無成。是無孟氏也。我將弗墮十二月。公圍成。弗克。定公十四年。孔子年五十六。由大司寇行攝相事。有喜色。門人曰。聞君子禍至不懼。福至不喜。孔子曰。有是言也。不曰樂其以貴下人乎。於是誅魯大夫亂政者少正卯。與聞國政。三月。粥羔豚者弗飾賈。男女行者別於塗。塗不拾遺。四方之客至乎邑者不求有司。皆予之以歸。齊人聞而懼。曰。孔子爲政必霸。霸則吾地近焉。我之爲先并矣。盍致地焉。犂鉏曰。請先嘗沮之。沮之而不可則致地。庸遲乎。於是選齊國中女子好者八十人。皆衣文衣而舞康樂。文馬三十駟。遺魯君。陳女樂文馬於魯城南高門外。季桓子微服往觀再三。將受。乃語魯君爲周道游。往觀終日。怠於政事。子路曰。夫子可以行矣。孔子曰。魯今且郊。如致膰乎大夫。則吾猶可以止。桓子卒受齊女樂。三日不聽政。郊。又不致膰俎於大夫。孔子遂行。宿乎屯。而師已送。曰。夫子則非罪。孔子曰。吾歌可夫。歌曰。彼婦之口。可以出走。彼婦之謁。可以死敗。蓋優哉游哉。維以卒歲。師已反。桓子曰。孔子亦何言。師已以實告。桓子喟然歎曰。夫子罪我以羣婢故也夫。孔子遂適衛。主於子路妻兄顏濁鄒家。衛靈公問孔子。居魯得祿幾何。對曰。奉粟六萬。衛人亦致粟六萬。居頃之。或譖孔子於衛靈公。靈公使公孫余假一出一入。孔子恐獲罪焉。居十月。去衛。將適陳。過匡。顏刻爲僕。以其策指之曰。昔吾入此。由彼缺也。匡人聞之。以爲魯之陽虎。陽虎嘗暴匡人。匡人於是遂止孔子。孔子狀類陽虎。拘焉。五日。顏淵後。子曰。吾以汝爲死矣。顏淵曰。子在。回何敢死。匡人拘孔子益急。弟子懼。孔子曰。文王既沒。

文不在茲乎。天之將喪斯文也。後死者不得與于斯文也。天之未喪斯文也。匡人其如予何。孔子使從者爲甯武子臣於衛。然後得去。去卽過蒲。月餘。反乎衛。主蘧伯玉家。靈公夫人有南子者。使人謂孔子曰。四方之君子不辱。欲與寡君爲兄弟者。必見寡小君。寡小君願見。孔子辭謝。不得已而見之。夫人在絺帷中。孔子入門。北面稽首。夫人自帷中再拜。環珮玉聲璆然。孔子曰。吾鄉爲弗見。見之禮答焉。子路不說。孔子矢之曰。予所不者。天厭之。天厭之。居衛月餘。靈公與夫人同車。宦者雍渠參乘出。使孔子爲次乘。招搖市過之。孔子曰。吾未見好德如好色者也。於是醜之。去衛過曹。是歲。魯定公卒。孔子去曹適宋。與弟子習禮大樹下。宋司馬桓魋欲殺孔子。拔其樹。孔子去。弟子曰。可以速矣。孔子曰。天生德於予。桓魋其如予何。孔子適鄭。與弟子相失。孔子獨立郭東門。鄭人或謂子貢曰。東門有人。其顙似堯。其項類皐陶。其肩類子產。然自要以下。不及禹三寸。纍纍若喪家之狗。子貢以實告孔子。孔子欣然笑曰。形狀末也。而似喪家之狗。然哉然哉。孔子遂至陳。主於司城貞子家。歲餘。吳王夫差伐陳。取三邑而去。趙鞅伐朝歌。楚圍蔡。蔡遷于吳。吳敗越王勾踐會稽。有隼集于陳廷而死。楛矢貫之。石砮矢長尺有咫。陳湣公使使問仲尼。仲尼曰。隼來遠矣。此肅愼之矢也。昔武王克商通道。九夷百蠻。使各以其方賄來貢。使無忘職業。於是肅愼貢楛矢石砮。長尺有咫。先王欲昭其令德。以肅愼矢分大姬。配虞胡公而封諸陳。分同姓以珍玉展親。分異姓以遠方職使無忘服。故分陳以肅

愼矢。試求之故府。果得之。孔子居陳三歲。會晉楚爭彊。更伐陳。及吳侵陳。陳常被寇。孔子曰。歸與歸與。吾黨之小子狂簡。進取不忘其初。於是孔子去陳。過蒲。會公叔氏以蒲畔。蒲人止孔子。弟子有公良孺者。以私車五乘從孔子。其爲人長賢有勇力。謂曰。吾昔從夫子。遇難於匡。今又遇難於此。命也已。吾與夫子再罹難。寧鬬而死。鬬甚疾。蒲人懼。謂孔子曰。苟毋適衛。吾出子。與之盟。出孔子東門。孔子遂適衛。子貢曰。盟可負耶。孔子曰。要盟也。神不聽。衛靈公聞孔子來。喜。郊迎。問曰。蒲可伐乎。對曰。可。靈公曰。吾大夫以爲不可。今蒲衛之所以待晉楚也。以衛伐之。無乃不可乎。孔子曰。其男子有死之志。婦人有保西河之志。吾所伐者。不過四五人。靈公曰。善。然不伐蒲。靈公老。怠於政。不用孔子。孔子喟然歎曰。苟有用我者。朞月而已。三年有成。孔子行。佛肸爲中牟宰。趙簡子攻范中行。伐中牟。佛肸畔。使人召孔子。孔子欲往。子路曰。由聞諸夫子。其身親爲不善者。君子不入也。今佛肸親以中牟畔。子欲往。如之何。孔子曰。有是言也。不曰堅乎。磨而不磷。不曰白乎。涅而不緇。我豈匏瓜也哉。焉能繫而不食。孔子擊磬。有荷蕢而過門者。曰。有心哉。擊磬乎。硜硜乎。莫已知也夫而已矣。孔子學鼓琴師襄子。十日不進。師襄子曰。可以益矣。孔子曰。丘已習其曲矣。未得其數也。有間曰。已習其數。可以益矣。孔子曰。丘未得其志也。有間曰。已習其志。可以益矣。孔子曰。丘未得其爲人也。有間曰。有所穆然深思焉。有所怡然高望而遠志焉。曰。丘得其爲人。黯然而黑。幾然而長。眼如望羊。心如王四國。非

文王其誰能爲此也。師襄子辟席再拜曰。師蓋云文王操也。孔子既不得用於衛。將西見趙簡子。至於河而聞竇鳴犢舜華之死也。臨河而嘆曰。美哉水。洋洋乎。丘之不濟此。命也夫。子貢趨而進。曰。敢問何謂也。孔子曰。竇鳴犢舜華。晉國之賢大夫也。趙簡子未得志之時。須此兩人而後從政。及其已得志。殺之乃從政。丘聞之也。刳胎殺夭。則麒麟不至郊。竭澤涸漁。則蛟龍不合陰陽。覆巢毀卵。則鳳皇不翔。何則。君子諱傷其類也。夫鳥獸之於不義也。尚知辟之。而况乎丘哉。乃還。息乎陬鄉。作爲陬操以哀之。而反乎衛。入主蘧伯玉家。他日靈公問兵陳。孔子曰。俎豆之事。則嘗聞之。軍旅之事。未之學也。明日。與孔子語。見蜚鴈。仰視之。色不在孔子。孔子遂行。復如陳。夏。衛靈公卒。立孫輒。是爲衛出公。六月。趙鞅內太子蒯聵于戚。陽虎使太子絻八人衰絰。僞自衛迎者。哭而入。遂居焉。冬。蔡遷于州來。是歲魯哀公三年。而孔子年六十矣。齊助衛圍戚。以衛太子蒯聵在故也。夏。魯桓釐廟燔。南宮敬叔救火。孔子在陳聞之。曰。災必於桓釐廟乎。已而果然。秋。季桓子病。輦而見魯城。喟然嘆曰。昔此國幾興矣。以吾獲罪於孔子。故不興也。顧謂其嗣康子曰。我卽死。若必相魯。相魯必召仲尼。後數日。桓子卒。康子代立。已葬。欲召仲尼。公之魚曰。昔吾先君用之不終。終爲諸侯笑。今又用之不能終。是再爲諸侯笑。康子曰。則誰召而可。曰必召冉求。於是使使召冉求。冉求將行。孔子曰。魯人召求。非小用之。將大用之也。是日。孔子曰。歸乎歸乎。吾黨之小子狂簡。斐然成章。吾不知所以裁之。子貢知孔子思歸。送冉求。因誡曰。卽用。以孔子爲招云。冉求既去。明年。孔子自陳遷于蔡。蔡昭公將如吳。吳召之也。前昭公欺其臣遷州來。後將往。大夫懼。復遷公孫翩射殺昭公。楚侵蔡。秋。齊景公卒。明年。孔子自蔡如葉。葉公問政。孔子曰。政在來遠附邇。他日。葉公問孔子於子路。子路不對。孔子聞之。曰。由爾何不對。曰。其爲人也。學道不倦。誨人不厭。發憤忘食。樂以忘憂。不知老之將至云爾。去葉。反于蔡。長沮桀溺耦而耕。孔子以爲隱者。使子路問津焉。長沮曰。彼執輿者爲誰。子路曰。爲孔丘。曰。是魯孔丘與。曰。然。曰。是知津矣。桀溺謂子路曰。子爲誰。曰。爲仲由。曰。子孔丘之徒與。曰。然。桀溺曰。悠悠者。天下皆是也。而誰以易之。且與其從辟人之士。豈若從辟世之士哉。耰而不輟。子路以告孔子。孔子憮然曰。鳥獸不可與同羣。天下有道。丘不與易也。他日。子路行。遇荷蓧丈人。曰。子見夫子乎。丈人曰。四體不勤。五穀不分。孰爲夫子。植其杖而芸。子路以告。孔子曰。隱者也。復往則亡。孔子遷于蔡三歲。吳伐陳。楚救陳。軍于城父。聞孔子在陳蔡之閒。楚使人聘孔子。孔子將往拜禮。陳蔡大夫謀曰。孔子賢者。所刺譏皆中諸侯之疾。今者久留陳蔡之閒。諸大夫所設行。皆非仲尼之意。今楚大國也。來聘孔子。孔子用於楚。則陳蔡用事大夫危矣。於是乃相與發徒役。圍孔子於野。不得行。絕糧。從者病。莫能興。孔子講誦弦歌不衰。子路慍。見曰。君子亦有窮乎。孔子曰。君子固窮。小人窮斯濫矣。子貢色作。孔子曰。賜。爾以予爲多學而識之者與。曰。然。非與。孔子曰。非也。予一以貫之。孔子知弟子有慍心。乃召子路

而問曰詩云匪兕匪虎率彼曠野吾道非耶吾何爲於此子路曰意者吾未仁耶人之不我信也意者吾未知耶人之不我行也孔子曰有是乎由譬使仁者而必信安有伯夷叔齊使智者而必行安有王子比干子路出子貢入見孔子曰賜詩云匪兕匪虎率彼曠野吾道非耶吾何爲於此子貢曰夫子之道至大也故天下莫能容夫子夫子蓋少貶焉孔子曰賜良農能稼而不能爲穡良工能巧而不能爲順君子能脩其道綱而紀之統而理之而不能爲容今爾不脩爾道而求爲容賜而志不遠矣子貢出顏回入見孔子曰回詩云匪兕匪虎率彼曠野吾道非耶吾何爲於此顏回曰夫子之道至大故天下莫能容雖然夫子推而行之不容何病不容然後見君子夫道之不脩也是吾醜也夫道既已大脩而不用是有國者之醜也不容何病不容然後見君子孔子欣然而笑曰有是哉顏氏之子使爾多財吾爲爾宰於是使子貢至楚楚昭王興師迎孔子然後得免昭王將以書社地七百里封孔子楚令尹子西曰王之使使諸侯有如子貢者乎曰無有王之輔相有如顏回者乎曰無有王之將率有如子路者乎曰無有王之官尹有如宰予者乎曰無有且楚之祖封於周號爲子男五十里今孔丘述三王之法明周召之業王若用之則楚安得世世堂堂方數千里乎夫文王在豐武王在鎬百里之君卒王天下今孔丘得據土壤賢弟子爲佐非楚之福也昭王乃止其秋楚昭王卒于城父楚狂接輿歌而過孔子曰鳳兮鳳兮何德之衰往者不可諫兮來者猶可追也已而已而今之從政者殆而孔子下欲與之言趨而去弗得與之言於是孔子自楚反乎衞是歲也孔子年六十三而魯哀公六年也其明年吳與魯會繒徵百牢太宰嚭召季康子康子使子貢往然後得已孔子曰魯衞之政兄弟也是時衞君輒父不得立在外諸侯數以爲讓而孔子弟子多仕於衞衞君欲得孔子爲政子路曰衞君待子而爲政子將奚先孔子曰必也正名乎子路曰有是哉子之迂也何其正也孔子曰野哉由也夫名不正則言不順言不順則事不成事不成則禮樂不興禮樂不興則刑罰不中刑罰不中則民無所錯手足矣夫君子爲之必可名言之必可行君子於其言無所苟而已矣其明年冉有爲季氏將師與齊戰於郎克之季康子曰子之於軍旅學之乎性之乎冉有曰學之於孔子季康子曰孔子何如人哉對曰用之有名播之百姓質諸鬼神而無憾求之至於此道雖累千社夫子不利也康子曰我欲召之可乎對曰欲召之則毋以小人固之則可矣而衞孔文子將攻太叔問策於仲尼仲尼辭不知退而命載而行曰鳥能擇木木豈能擇鳥乎文子固止會季康子逐公華公賓公林以幣迎孔子孔子歸魯孔子之去魯凡十四歲而反乎魯魯哀公問政對曰政在選臣季康子問政曰舉直錯諸枉則枉者直康子患盜孔子曰苟子之不欲雖賞之不竊然魯終不能用孔子孔子亦不求仕孔子之時周室微而禮樂廢詩書缺追迹三代之禮序書傳上紀唐虞之際下至秦繆編次其事曰夏禮吾能言之杞不足徵也殷禮吾能言之宋不足徵也足則吾能徵

之矣。觀殷夏所損益。曰。後雖百世可知也。以一文一質。周監二代。郁郁乎文哉。吾從周。故書傳禮記自孔氏。孔子語魯太師。樂其可知也。始作。翕如。縱之。純如。皦如。繹如也。以成。吾自衞反魯。然後樂正。雅頌各得其所。古者詩三千餘篇。及至孔子。去其重。取可施於禮義。上采契后稷。中述殷周之盛。至幽厲之缺。始於衽席。故曰。關雎之亂。以爲風始。鹿鳴爲小雅始。文王爲大雅始。清廟爲頌始。三百五篇。孔子皆弦歌之。以求合韶武雅頌之音。禮樂自此可得而述。以備王道。成六藝。孔子晚而喜易。序彖繫象說卦文言。讀易韋編三絕。曰假我數年。若是我於易則彬彬矣。孔子以詩書禮樂敎弟子。蓋三千焉。身通六藝者七十有二人。如顏濁鄒之徒。頗受業者甚衆。孔子以四教。文行忠信。絕四。毋意。毋必。毋固。毋我。所愼齊戰疾。子罕言利與命與仁。不憤不啓。舉一隅不以三隅反。則弗復也。其於鄉黨。恂恂似不能言者。其於宗廟朝廷辯辯言。唯謹爾。朝與上大夫言。誾誾如也。與下大夫言。侃侃如也。入公門。鞠躬如也。趨進。翼如也。君召使儐。色勃如也。君命召。不俟駕行矣。魚餒肉敗。割不正不食。席不正不坐。食於有喪者之側。未嘗飽也。是日哭則不歌。見齊衰瞽者。雖童子必變。三人行。必得我師。德之不脩。學之不講。聞義不能徙。不善不能改。是吾憂也。使人歌。善則使復之。然後和之。子不語怪力亂神。子貢曰。夫子之文章可得聞也。夫子言天道與性命。弗可得聞也已。顏淵喟然嘆曰。仰之彌高。鑽之彌堅。瞻之在前。忽焉在後。夫子循循然善誘人。博我以文。約我以禮。欲罷不能。既竭我才。如有所立。卓爾。雖欲從之。蔑由也已。達巷黨人童子曰。大哉孔子。博學而無所成名。子聞之曰。我何執。執御乎。執射乎。我執御矣。牢曰。子云。不試故藝。魯哀公十四年春。狩大野。叔孫氏車子鉏商獲獸。以爲不祥。仲尼視之曰。麟也。取之。曰河不出圖。雒不出書。吾已矣夫。顏淵死。孔子曰。天喪予。及西狩見麟。曰吾道窮矣。喟然嘆曰。莫知我夫。子貢曰。何爲莫知子。子曰。不怨天。不尤人。下學而上達。知我者。其天乎。不降其志。不辱其身。伯夷叔齊乎。謂柳下惠少連。降志辱身矣。謂虞仲夷逸。隱居放言。行中清。廢中權。我則異於是。無可無不可。子曰。弗乎弗乎。君子病歿世而名不稱焉。吾道不行矣。吾何以自見於後世哉。乃因史記作春秋。上至隱公。下訖哀公十四年。十二公。據魯親周故殷。運之三代。約其文辭而指博。故吳楚之君自稱王。而春秋貶之曰子。踐土之會。實召周天子。而春秋諱之曰。天王狩於河陽。推此類以繩當世貶損之義。後有王者。舉而開之。春秋之義行。則天下亂臣賊子懼焉。孔子在位聽訟。文辭有可與人共者。弗獨有也。至於爲春秋。筆則筆。削則削。子夏之徒。不能贊一辭。弟子受春秋。孔子曰。後世知丘者以春秋。而罪丘者亦以春秋。明歲。子路死於衞。孔子病。子貢請見。孔子方負杖逍遙於門。曰。賜。汝來何其晚也。孔子因歎。歌曰。太山壞乎。梁柱摧乎。哲人萎乎。因以涕下。謂子貢曰。天下無道久矣。莫能宗予。夏人殯於東階。周人於西階。殷人兩柱間。昨暮予夢坐奠兩柱之間。予殆殷人也。後七日卒。孔子年七十三。以魯哀公十六年四月己丑卒。哀公誄之曰。旻天不

弔。不憖遺一老。俾屏余一人以在位。煢煢余在疚。嗚呼哀哉。尼父毋自律。子貢曰。君其不沒於魯乎。夫子之言曰。禮失則昏。名失則愆。失志爲昏。失所爲愆。生不能用。死而誄之。非禮也。稱余一人。非名也。孔子葬魯城北泗上。弟子皆服三年。三年心喪畢。相訣而去。則哭。各復盡哀。或復留。唯子貢廬於冢上。凡六年。然後去。弟子及魯人往從冢而家者百有餘室。因命曰孔里。魯世世相傳。以歲時奉祠孔子冢。而諸儒亦講禮鄉飲大射於孔子冢。孔子冢大一頃。故所居堂。弟子內後世因廟藏孔子衣冠琴車書。至于漢二百餘年不絕。高皇帝過魯。以太牢祠焉。諸侯卿相至。常先謁。然後從政。孔子生鯉。字伯魚。伯魚年五十。先孔子死。伯魚生伋。字子思。年六十二。嘗困於宋。子思作中庸。子思生白。字子上。年四十七。子上生求。字子家。年四十五。子家生箕。字子京。年四十六。子京生穿。字子高。年五十一。子高生子慎。年五十七。嘗爲魏相。子慎生鮒。年五十七。爲陳王涉博士。死於陳下。鮒弟子襄。年五十七。嘗爲孝惠皇帝博士。遷爲長沙太守。長九尺六寸。子襄生忠。年五十七。忠生武。武生延年及安國。安國爲今皇帝博士。至臨淮太守。蚤卒。安國生卬。卬生驩。

太史公曰。詩有之。高山仰止。景行行止。雖不能至。然心鄉往之。余讀孔氏書。想見其爲人。適魯。觀仲尼廟堂車服禮器。諸生以時習禮其家。余祗回留之不能去云。天下君王至于賢人衆矣。當時則榮。沒則已焉。孔子布衣。傳十餘世。學者宗之。自天子王侯。中國言六藝者。折中於夫子。可謂至聖矣。（史記孔子世家）

亞聖遺像

孟子傳

太史公曰、余讀孟子書。至梁惠王。問何以利吾國。未嘗不廢書而歎也。曰、嗟乎。利誠亂之始也。夫子罕言利者。常防其原也。故曰。放於利而行多怨。自天子至於庶人。好利之弊。何以異哉。孟軻。鄒人也。受業子思之門人。道既通。游事齊宣王。宣王不能用。適梁。梁惠王不果所言。則見以爲迂遠而闊於事情。當是之時。秦用商君。富國強兵。楚魏用吳起。戰勝弱敵。齊威王宣王用孫子田忌之徒。而諸侯東面朝齊。天下方務於合從連衡。以攻伐爲賢。而孟軻乃述唐虞三代之德。是以所如者不合。退而與萬章之徒。序詩書。述仲尼之意。作孟子七篇。（史記孟子荀卿列傳）

亞聖遺像

夏惠民敬摹

孟子像

太史公曰：余讀孟子書，至梁惠王問「何以利吾國」，未嘗不廢書而歎也。曰：嗟乎，利誠亂之始也！夫子罕言利者，常防其原也。故曰「放於利而行，多怨」。自天子至於庶人，好利之弊何以異哉！孟軻，騶人也。受業子思之門人。道既通，游事齊宣王，宣王不能用。適梁，梁惠王不果所言，則見以為迂遠而闊於事情。當是之時，秦用商君，富國彊兵；楚、魏用吳起，戰勝弱敵；齊威王、宣王用孫子、田忌之徒，而諸侯東面朝齊。天下方務於合從連衡，以攻伐為賢，而孟軻乃述唐、虞、三代之德，是以所如者不合。退而與萬章之徒序詩書，述仲尼之意，作孟子七篇。（史記孟子荀卿列傳）

左丘明像

李鴻梁敬摹

左丘明傳

左子名丘明。中都人。史記姓左丘。授經圖。魯人。楚左史倚相之後。春秋者魯史記之名也。周室既微。載籍殘缺。仲尼思存前聖之業。以魯周公之國。禮文備物。史官有法。故與左丘明觀而修之。皆口授弟子。弟子退而異說。丘明恐失其眞。乃爲之傳。以授魯申。屢授至荀卿。荀卿授漢張蒼及賈誼。誼爲左氏傳訓。而劉歆言之哀帝。左氏始得立于學官。一統志。葬泰安肥城縣西南五十里肥河鄉。都君莊。又云。在兗州嶧縣東北七十里。唐李吉甫元和郡縣志。在平陰縣東南五十里。按左傳序云。左邱明受經于仲尼。然孔子稱左邱明之所恥。丘亦恥之。則左邱明當是孔子先輩。今左傳序事于孔子既沒之後。至于韓趙魏滅智伯之時。則傳春秋者。似非左邱明矣。劉歆論左氏春秋傳曰。好惡與聖人同。親見夫子。是與夫子同時人。唐貞觀二十一年從祀。宋大中祥符二年。加封瑕邱伯。政和元年。改封中都伯。明嘉靖九年。改稱先儒左子。崇禎十五年。稱先賢左子。（聖廟祀典圖考）

蒙莊子像

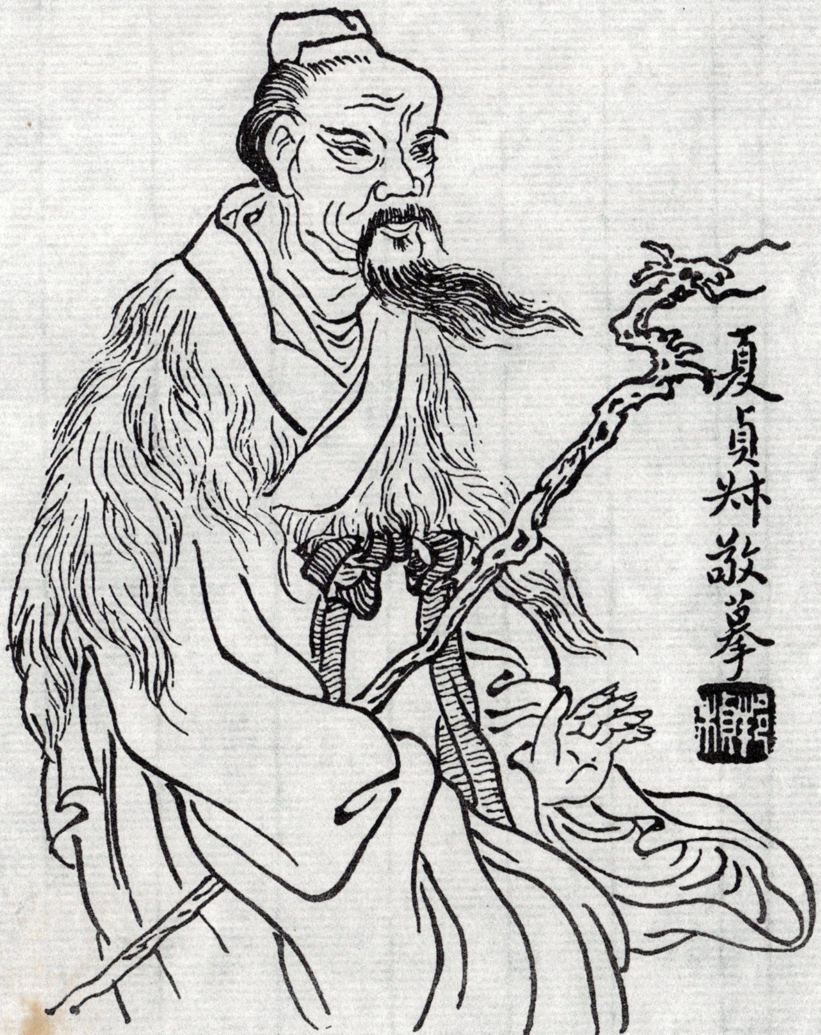

莊周傳

莊子者，蒙人也。名周。周嘗爲蒙漆園吏。與梁惠王齊宣王同時。其學無所不闚。然其要本歸於老子之言。故其著書十餘萬言。大抵率寓言也。作漁父盜跖胠篋以詆訾孔子之徒。以明老子之術。畏累虛亢桑子之屬。皆空語無事實。然善屬書離辭。指事類情。用剽剝儒墨。雖當世宿學。不能自解免也。其言洸洋自恣以適己。故自王公大人。不能器之。楚威王聞莊周賢。使使厚幣迎之。許以爲相。莊周笑謂楚使者曰。千金重利。卿相尊位也。子獨不見郊祭之犧牛乎。養食之數歲。衣以文繡。以入太廟。當是之時。雖欲爲孤豚。豈可得乎。子亟去。無汚我。我寧游戲汚瀆之中自快。無爲有國者所羈。終身不仕。以快吾志焉。（史記老莊申韓列傳）

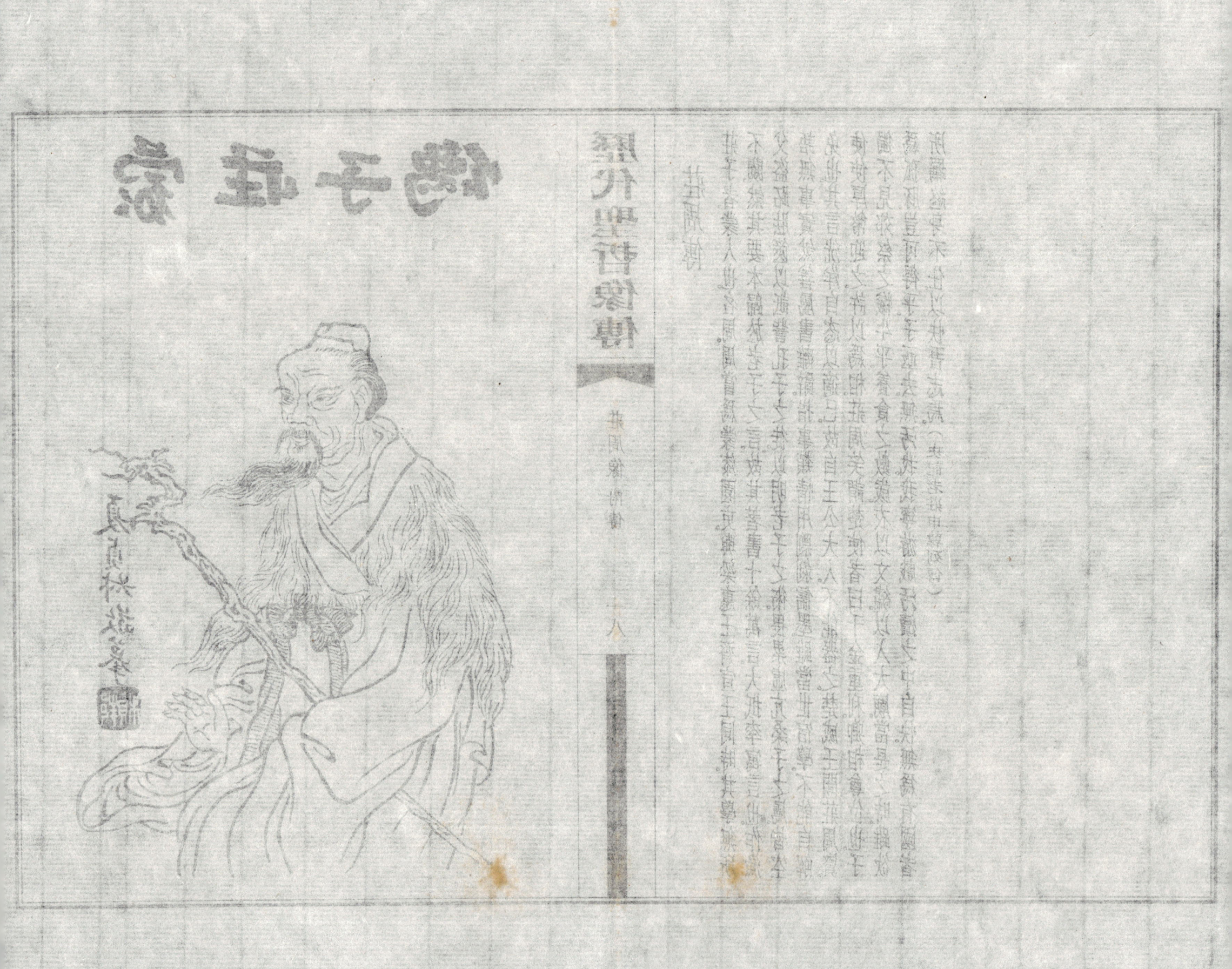

司馬子長像

翁雲書敬橅

司馬遷傳

昔在顓頊。命南正重以司天。北正黎以司地。唐虞之際。紹重黎之後。使復典之。至于夏商。故重黎氏世序天地。其在周。程伯休甫其後也。當周宣王時。失其守而爲司馬氏。司馬氏世典周史。惠襄之閒。司馬氏去周適晉。晉中軍隨會奔秦。而司馬氏入少梁。自司馬氏去周適晉。分散或在衞。或在趙。或在秦。其在衞者相中山。在趙者以傳劍論顯。蒯聵其後也。在秦者名錯。與張儀爭論。於是惠王使錯將伐蜀。遂拔因而守之。錯孫靳事武安君白起。而少梁更名曰夏陽。靳與武安君阬趙長平軍。還而與之俱賜死杜郵。葬於華池。靳孫昌。昌爲秦主鐵官。當始皇之時。蒯聵玄孫卬爲武信君。將而徇朝歌。諸侯之相王。王卬於殷。漢之伐楚。卬歸漢。以其地爲河內郡。昌生無澤。無澤爲漢市長。無澤生喜。喜爲五大夫。卒皆葬高門。喜生談。談爲太史公。太史公學天官於唐都。受易於楊何。習道論於黃子。太史公仕於建元元封之閒。愍學者之不達其意而師悖。乃論六家之要指曰。易大傳。天下一致而百慮。同歸而殊塗。夫陰陽儒墨名法道德。此務爲治者也。直所從言之異路。有省不省耳。嘗竊觀陰陽之術。大祥而衆忌諱。使人拘而多所畏。然其序四時之大順。不可失也。儒者博而寡要。勞而少功。是以其事難盡從。然其序君臣父子之禮。列夫婦長幼之別。不可易也。墨者儉而難遵。是以其事不可偏循。然其彊本節用。不可廢也。法家嚴而少恩。然

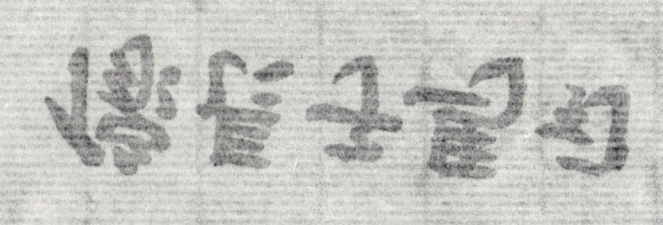

其正君臣上下之分。不可改矣。名家使人儉而善失眞。然其正名實。不可不察也。道家使人精神專一。動合無形。贍足萬物。其爲術也。因陰陽之大順。采儒墨之善。撮名法之要。與時遷移。應物變化。立俗施事。無所不宜。指約而易操。事少而功多。儒者則不然。以爲人主。天下之儀表也。主倡而臣和。主先而臣隨。如此。則主勞而臣逸。至於大道之要。去健羨。絀聰明。釋此而任術。夫神大用則竭。形大勞則敝。形神騷動。欲與天地長久。非所聞也。夫陰陽四時八位。十二度。二十四節。各有教令。順之者昌。逆之者不死則亡。未必然也。故曰使人拘而多畏。夫春生夏長。秋收冬藏。此天道之大經也。弗順則無以爲天下綱紀。故曰四時之大順不可失也。夫儒者以六藝爲法。六藝經傳以千萬數。累世不能通其學。當年不能究其禮。故曰博而寡要。勞而少功。若夫列君臣父子之禮。序夫婦長幼之別。雖百家弗能易也。墨者亦尚堯舜。道言其德行曰。堂高三尺。土階三等。茅茨不翦。采椽不刮。食土簋。啜土刑。糲粱之食。藜藿之羹。夏日葛衣。冬日鹿裘。其送死桐棺三寸。舉音不盡其哀。教喪禮必以此爲萬民之率。使天下法若此。則尊卑無別也。夫世異時移。事業不必同。故曰儉而難遵。要曰彊本節用。則人給家足之道也。此墨子之所長。雖百家弗能廢也。法家不別親疏。不殊貴賤。一斷於法。則親親尊尊之恩絕矣。可以行一時之計。而不可長用也。故曰嚴而少恩。若尊主卑臣。明分職不得相踰越。雖百家弗能改也。名家苛察繳繞。使人不得反其意。專決於名而失人情。故曰使人儉而善失眞。若夫控名責實。參伍不失。此不可不察也。道家無爲。又曰無不爲。其實易行。其辭難知。其術以虛無爲本。以因循爲用。無成勢。無常形。故能究萬物之情。不爲物先。不爲物後。故能爲萬物主。有法無法。因時爲業。有度無度。因物與合。故曰聖人不朽。時變是守。虛者道之常也。因者君之綱也。羣臣並至。使各自明也。其實中其聲者謂之端。實不中其聲者謂之窾。窾言不聽。姦乃不生。賢不肖自分。白黑乃形。在所欲用耳。何事不成。乃合大道。混混冥冥。光燿天下。復反無名。凡人所生者神也。所託者形也。神大用則竭。形大勞則敝。形神離則死。死者不可復生。離者不可復反。故聖人重之。由是觀之。神者。生之本也。形者。生之具也。不先定其神。而曰我有以治天下。何由哉。太史公既掌天官。不治民。有子曰遷。遷生龍門。耕牧河山之陽。年十歲。則誦古文。二十而南游江淮。上會稽。探禹穴。闚九疑。浮於沅湘。北涉汶泗。講業齊魯之都。觀孔子之遺風。鄉射鄒嶧。戹困鄱薛彭城。過梁楚以歸。於是遷仕爲郎中。奉使西征巴蜀以南。南略邛笮昆明。還報命。是歲天子始建漢家之封。而太史公留滯周南。不得與從事。故發憤且卒。而子遷適使反。見父於河洛之閒。太史公執遷手而泣曰。余先周室之太史也。自上世常顯功名於虞夏。典天官事。後世中衰。絕於予乎。汝復爲太史。則續吾祖矣。今天子接千歲之統。封泰山。而余不得從行。是命也夫。命也夫。余死。汝必爲太史。爲太史。無忘吾所欲論著矣。且夫孝始於事親。中於事君。終於立身。揚名於後世。以顯父母。此孝之大者。夫天下稱誦周公。言其能論歌

文武之德。宣周召之風。達太王王季之思慮。爰及公劉。以尊后稷也。幽厲之後。王道缺。禮樂衰。孔子修舊起廢。論詩書。作春秋。則學者至今則之。自獲麟以來。四百有餘歲。而諸侯相兼。史記放絕。今漢興。海內一統。明主賢君。忠臣死義之士。余爲太史而弗論載。廢天下之史文。余甚懼焉。汝其念哉。遷俯首流涕曰。小子不敏。請悉論先人所次舊聞。弗敢闕。卒三歲而遷爲太史令。紬史記石室金匱之書。五年而當太初元年。十一月甲子朔旦冬至。天曆始改。建於明堂。諸神受紀。

太史公曰。先人有言。自周公卒五百歲而有孔子。孔子卒後至於今五百歲。有能紹明世。正易傳。繼春秋。本詩書禮樂之際。意在斯乎。意在斯乎。小子何敢讓焉。上大夫壺遂曰。昔孔子何爲而作春秋哉。太史公曰。余聞董生曰。周道衰廢。孔子爲司寇。諸侯害之。大夫壅之。孔子知言之不用。道之不行也。是非二百四十二年之中。以爲天下儀表。貶天子。退諸侯。討大夫。以達王事而已矣。子曰。我欲載之空言。不如見之於行事之深切著明也。夫春秋上明三王之道。下辨人事之紀。別嫌疑。明是非。定猶豫。善善惡惡。賢賢賤不肖。存亡國。繼絕世。補敝起廢。王道之大者也。易著天地陰陽四時五行。故長於變。禮經紀人倫。故長於行。書記先王之事。故長於政。詩記山川谿谷禽獸草木牝牡雌雄。故長於風。樂樂所以立。故長於和。春秋辯是非。故長於治人。是故禮以節人。樂以發和。書以道事。詩以達意。易以道化。春秋以道義。撥亂世反之正。莫近於春秋。春秋文成數萬。其指數千萬。物之散聚。皆在春秋。春秋之中。弒君三十六。亡國五十二。諸侯奔走。不得保其社稷者。不可勝數。察其所以。皆失其本已。故易曰。失之毫釐。差以千里。故曰。臣弒君。子弒父。非一旦一夕之故也。其漸久矣。故有國者不可以不知春秋。前有讒而弗見。後有賊而不知。爲人臣者不可以不知春秋。守經事而不知其宜。遭變事而不知其權。爲人君父而不通於春秋之義者。必蒙首惡之名。爲人臣子而不通於春秋之義者。必陷簒弒之誅。死罪之名。其實皆以爲善。爲之不知其義。被之空言而不敢辭。夫不通禮義之旨。至於君不君。臣不臣。父不父。子不子。夫君不君則犯。臣不臣則誅。父不父則無道。子不子則不孝。此四行者。天下之大過也。以天下之大過予之則受而弗敢辭。故春秋者。禮義之大宗也。夫禮禁未然之前。法施已然之後。法之所爲用者易見。而禮之所爲禁者難知。壺遂曰。孔子之時。上無明君。下不得任用。故作春秋。垂空文以斷禮義。當一王之法。今夫子上遇明天子。下得守職。萬事既具。咸各序其宜。夫子所論。欲以何明。太史公曰。唯唯。否否。不然。余聞之先人曰。伏羲至純厚。作易八卦。堯舜之盛。尚書載之。禮樂作焉。湯武之隆。詩人歌之。春秋采善貶惡。推三代之德。褒周室。非獨刺譏而已也。漢興以來。至明天子。獲符瑞。建封禪。改正朔。易服色。受命於穆清。澤流罔極。海外殊俗。重譯款塞。請來獻見者。不可勝道。臣下百官。力誦聖德。猶不能宣盡其意。且士賢能而不用。有國者之恥。主上明聖而德不布聞。有司之過也。且余嘗掌其官。廢明聖盛德不載。滅功臣世家賢大夫

之業不述。墮先人所言。罪莫大焉。余所謂述故事。整齊其世傳。非所謂作也。而君比之於春秋。謬矣。於是論次其文七年。而太史公遭李陵之禍。幽於縲紲。乃喟然而歎曰。是余之罪也夫。是余之罪也夫。身毀不用矣。退而深惟曰。夫詩書隱約者。欲遂其志之思也。昔西伯拘羑里。演周易。孔子戹陳蔡。作春秋。屈原放逐。著離騷。左丘失明。厥有國語。孫子臏脚。而論兵法。不韋遷蜀。世傳呂覽。韓非囚秦。說難孤憤。詩三百篇。大抵賢聖發憤之所爲作也。此人皆意有所鬱結。不得通其道也。故述往事。思來者。於是卒述陶唐以來。至于麟止。自黃帝始。

維昔黃帝。法天則地。四聖遵序。各成法度。唐堯遜位。虞舜不台。厥美帝功。萬世載之。作五帝本紀第一。

維禹之功。九州攸同。光唐虞際。德流苗裔。夏桀淫驕。乃放鳴條。作夏本紀第二。

維契作商。爰及成湯。太甲居桐。德盛阿衡。武丁得說。乃稱高宗。帝辛湛湎。諸侯不享。作殷本紀第三。

維棄作稷。德盛西伯。武王牧野。實撫天下。幽厲昏亂。既喪酆鎬。陵遲至赧。洛邑不祀。作周本紀第四。

維秦之先。伯翳佐禹。穆公思義。悼豪之旅。以人爲殉。詩歌黃鳥。昭襄業帝。作秦本紀第五。

始皇既立。幷兼六國。銷鋒鑄鐻。維偃干革。尊號稱帝。矜武任力。二世受運。

子嬰降虜。作始皇本紀第六。

秦失其道。豪傑並擾。項梁業之。子羽接之。殺慶救趙。諸侯立之。誅嬰背懷。天下非之。作項羽本紀第七。

子羽暴虐。漢行功德。憤發蜀漢。還定三秦。誅籍業帝。天下惟寧。改制易俗。作高祖本紀第八。

惠之早霣。諸呂不台。崇彊祿產。諸侯謀之。殺隱幽友。大臣洞疑。遂及宗禍。作呂太后本紀第九。

漢既初興。繼嗣不明。迎王踐祚。天下歸心。蠲除肉刑。開通關梁。廣恩博施。厥稱太宗。作孝文本紀第十。

諸侯驕恣。吳首爲亂。京師行誅。七國伏辜。天下翕然。大安殷富。作孝景本紀第十一。

漢興五世。隆在建元。外攘夷狄。內修法度。建封禪。改正朔。易服色。作今上本紀第十二。

維三代尚矣。年紀不可考。蓋取之譜牒舊聞。本于茲。於是略推。作三代世表第一。

幽厲之後。周室衰微。諸侯專政。春秋有所不紀。而譜牒經略。五霸更盛衰。欲睹周世相先後之意。作十二諸侯年表第二。

春秋之後。陪臣秉政。彊國相王。以至于秦。卒幷諸夏。滅封地。擅其號。作六國年表第三。

秦既暴虐。楚人發難。項氏遂亂。漢乃扶義征伐。八年之間。天下三嬗。事繁變衆。故詳著秦楚之際月表第四。

漢興已來。至於太初百年。諸侯廢立分削。譜紀不明。有司靡踵。彊弱之原云以世。作漢興已來諸侯年表第五。

維高祖元功。輔臣股肱。剖符而爵。澤流苗裔。忘其昭穆。或殺身隕國。作高祖功臣侯者年表第六。

惠景之間。維申功臣。宗屬爵邑。作惠景間侯者年表第七。

北討彊胡。南誅勁越。征伐夷蠻。武功爰列。作建元以來侯者年表第八。

諸侯既彊。七國爲從。子弟衆多。無爵封邑。推恩行義。其勢銷弱。德歸京師。作王子侯者年表第九。

國有賢相良將。民之師表也。維見漢興以來將相名臣年表。賢者記其治。不賢者彰其事。作漢興以來將相名臣年表第十。

維三代之禮。所損益各殊務。然要以近情性。通王道。故禮因人質爲之節文。略協古今之變。作禮書第一。

樂者。所以移風易俗也。自雅頌聲興。則已好鄭衞之音。鄭衞之音。所從來久矣。人情之所感。遠俗則懷。比樂書以述來古。作樂書第二。

非兵不彊。非德不昌。黄帝湯武以興。桀紂二世以崩。可不愼歟。司馬法所從來尚矣。太公孫吳王子。能紹而明之。切近世。極人變。作律書第三。

律居陰而治陽。曆居陽而治陰。律曆更相治。間不[illegible]詘忽。五家之文怫異。

維太初之元論。作曆書第四。

星氣之書。多雜禨祥。不經。推其文。考其應。不殊。比集論其行事。驗于軌度。以次作天官書第五。

受命而王。封禪之符罕用。用則萬靈罔不禋祀。追本諸神名山大川禮。作封禪書第六。

維禹浚川。九州攸寧。爰及宣防。決瀆通溝。作河渠書第七。

維幣之行。以通農商。其極則玩巧。并兼茲殖。爭於機利。去本趨末。作平準書以觀事變第八。

太伯避歷。江蠻是適。文武攸興。古公王跡。闔廬弑僚。賓服荆楚。夫差克齊。子胥鴟夷。信嚭親越。吳國既滅。嘉伯之讓。作吳世家第一。

申呂肖矣。尚父側微。卒歸西伯。文武是師。功冠羣公。繆權于幽。番番黄髮。爰饗營丘。不背柯盟。桓公以昌。九合諸侯。霸功顯彰。田闞爭寵。姜姓解亡。嘉父之謀。作齊太公世家第二。

依之違之。周公綏之。憤發文德。天下和之。輔翼成王。諸侯宗周。隱桓之際。是獨何哉。三桓爭彊。魯乃不昌。嘉旦金縢。作周公世家第三。

武王克紂。天下未協而崩。成王既幼。管蔡疑之。淮夷叛之。於是召公率德。安集王室。以寧東土。燕易之禪。乃成禍亂。嘉甘棠之詩。作燕世家第四。

管蔡相武庚。將寧舊商。及旦攝政。二叔不饗。殺鮮放度。周公爲盟。太任十子。周以宗彊。嘉仲悔過。作管蔡世家第五。

歷代聖哲像傳

王後不絕。舜禹是說。維德休明。苗裔蒙烈。百世享祀。爰周陳杞。楚實滅之。齊田既起。舜何人哉。作陳杞世家第六。

收殷餘民。叔封始邑。申以商亂。酒材是告。及朔之生。衛傾不寧。南子惡蒯聵。子父易名。周德卑微。戰國既彊。衛以小弱。角獨後亡。嘉彼康誥。作衛世家第七。

嗟箕子乎。嗟箕子乎。正言不用。乃反爲奴。武庚既死。周封微子。襄公傷於泓。君子孰稱。景公謙德。熒惑退行。剔成暴虐。宋乃滅亡。嘉微子問太師。作宋世家第八。

武王既崩。叔虞邑唐。君子譏名。卒滅武公。驪姬之愛。亂者五世。重耳不得意。乃能成霸。六卿專權。晉國以耗。嘉文公錫珪鬯。作晉世家第九。

重黎業之。吳回接之。殷之季世。粥子牒之。周用熊繹。熊渠是續。莊王之賢。乃復國陳。既赦鄭伯。班師華元。懷王客死。蘭咎屈原。好諛信讒。楚并於秦。嘉莊王之義。作楚世家第十。

少康之子。實賓南海。文身斷髮。黿鱓與處。既守封禺。奉禹之祀。句踐困彼。乃用種蠡。嘉句踐夷蠻能修其德。滅彊吳以尊周室。作越王句踐世家第十一。

桓公之東。太史是庸。及侵周禾。王人是議。祭仲要盟。鄭久不昌。子產之仁。紹世稱賢。三晉侵伐。鄭納於韓。嘉厲公納惠王。作鄭世家第十二。

維驥騄耳。乃章造父。趙夙事獻。衰續厥緒。佐文尊王。卒爲晉輔。襄子困辱。乃禽智伯。主父生縛。餓死探爵。王遷辟淫。良將是斥。嘉鞅討周亂。作趙世家第十三。

畢萬爵魏。卜人知之。及絳戮干。戎翟和之。文侯慕義。子夏師之。惠王自矜。齊秦攻之。既疑信陵。諸侯罷之。卒亡大梁。王假廝之。嘉武佐晉文申霸道。作魏世家第十四。

韓厥陰德。趙武攸興。紹絕立廢。晉人宗之。昭侯顯列。申子庸之。疑非不信。秦人襲之。嘉厥輔晉匡周天子之賦。作韓世家第十五。

完子避難。適齊爲援。陰施五世。齊人歌之。成子得政。田和爲侯。王建動心。乃遷于共。嘉威宣能撥濁世而獨宗周。作田敬仲完世家第十六。

周室既衰。諸侯恣行。仲尼悼禮廢樂崩。追修經術。以達王道。匡亂世反之於正。見其文辭。爲天下制儀法。垂六藝之統紀於後世。作孔子世家第十七。

桀紂失其道而湯武作。周失其道而春秋作。秦失其政而陳涉發迹。諸侯作難。風起雲蒸。卒亡秦族。天下之端。自涉發難。作陳涉世家第十八。

成皋之臺。薄氏始基。詘意適代。厥崇諸竇。栗姬偩貴。王氏乃遂。陳后太驕。卒尊子夫。嘉夫德若斯。作外戚世家第十九。

漢既譎謀。禽信於陳。越荊剽輕。乃封弟交爲楚王。爰都彭城。以彊淮泗。爲漢宗藩。戊溺於邪。禮復紹之。嘉游輔祖。作楚元王世家第二十。

維祖師旅。劉賈是與。爲布所襲。喪其荊吳。營陵激呂。乃王琅琊。怵午信齊。

往而不歸。遂西入關。遭立孝文。獲復王燕。天下未集。賈澤以族。爲漢藩輔。作荆燕世家第二十一。

天下已平。親屬既寡。悼惠先壯。實鎮東土。哀王擅興。發怒諸呂。駟鈞暴戾。京師弗許。厲之內淫。禍成主父。嘉肥股肱。作齊悼惠王世家第二十二。

楚人圍我滎陽。相守三年。蕭何塡撫山西。推計踵兵。給糧食不絕。使百姓愛漢。不樂爲楚。作蕭相國世家第二十三。

與信定魏。破趙拔齊。遂弱楚人。續何相國。不變不革。黎庶攸寧。嘉參不伐功矜能。作曹相國世家第二十四。

運籌帷幄之中。制勝於無形。子房計謀其事。無知名。無勇功。圖難於易。爲大於細。作留侯世家第二十五。

六奇既用。諸侯賓從於漢。呂氏之事。平爲本謀。終安宗廟。定社稷。作陳丞相世家第二十六。

諸呂爲從。謀弱京師。而勃反經合於權。吳楚之兵。亞夫駐於昌邑。以戹齊趙。而出委以梁。作絳侯世家第二十七。

七國叛逆。蕃屏京師。唯梁爲扞。偩愛矜功。幾獲于禍。嘉其能距吳楚。作梁孝王世家第二十八。

五宗既王。親屬洽和。諸侯大小爲藩。爰得其宜。僭擬之事稍衰貶矣。作五宗世家第二十九。

三子之王。文辭可觀。作三王世家第三十。

末世爭利。維彼奔義。讓國餓死。天下稱之。作伯夷列傳第一。

晏子儉矣。夷吾則奢。齊桓以霸。景公以治。作管晏列傳第二。

李耳無爲自化。清淨自正。韓非揣事情。循勢理。作老子韓非列傳第三。

自古王者而有司馬法。穰苴能申明之。作司馬穰苴列傳第四。

非信廉仁勇不能傳兵論劍。與道同符。內可以治身。外可以應變。君子比德焉。作孫子吳起列傳第五。

維建遇讒。爰及子奢。尚既匡父。伍員奔吳。作伍子胥列傳第六。

孔子述文。弟子興業。咸爲師傅。崇仁厲義。作仲尼弟子列傳第七。

鞅去衞適秦。能明其術。彊霸孝公。後世遵其法。作商君列傳第八。

天下患衡秦毋饜。而蘇子能存諸侯。約從以抑貪彊。作蘇秦列傳第九。

六國既從親。而張儀能明其說。復散解諸侯。作張儀列傳第十。

秦所以東攘雄諸侯。樗里甘茂之策。作樗里甘茂列傳第十一。

苞河山。圍大梁。使諸侯斂手而事秦者。魏冉之功。作穰侯列傳第十二。

南拔鄢郢。北摧長平。遂圍邯鄲。武安爲率。破荆滅趙。王翦之能。作白起王翦列傳第十三。

獵儒墨之遺文。明禮義之統紀。絕惠王利端。列往世興衰。作孟子荀卿列傳第十四。

好客喜士。士歸于薛。爲齊扞楚魏。作孟嘗君列傳第十五。

爭馮亭以權。如楚以救邯鄲之圍。使其君復稱於諸侯。作平原君虞卿列

傳第十六。

能以富貴下貧賤。賢能詘於不肖。唯信陵君爲能行之。作魏公子列傳第十七。

以身徇君。遂脫彊秦。使馳說之士南鄉走楚者。黃歇之義。作春申君列傳第十八。

能忍詢於魏齊。而信威於彊秦。推賢讓位。二子有之。作范睢蔡澤列傳第十九。

率行其謀。連五國兵。爲弱燕報彊齊之讎。雪其先君之恥。作樂毅列傳第二十。

能信意彊秦。而屈體廉子。用徇其君。俱重於諸侯。作廉頗藺相如列傳第二十一。

湣王既失臨淄而奔莒。唯田單用即墨破走騎劫。遂存齊社稷。作田單列傳第二十二。

能設詭說解患於圍城。輕爵祿。樂肆志。作魯仲連鄒陽列傳第二十三。

作辭以諷諫。連類以爭義。離騷有之。作屈原賈生列傳第二十四。

結子楚親。使諸侯之士斐然爭入事秦。作呂不韋列傳第二十五。

曹子匕首。魯獲其田。齊明其信。豫讓義不爲二心。作刺客列傳第二十六。

能明其畫。因時推秦。遂得意於海內。斯爲謀首。作李斯列傳第二十七。

爲秦開地益衆。北靡匈奴。據河爲塞。因山爲固。建榆中。作蒙恬列傳第二十八。

塡趙塞常山以廣河內。弱楚權。明漢王之信於天下。作張耳陳餘列傳第二十九。

收西河上黨之兵。從至彭城。越之侵掠梁地。以苦項羽。作魏豹彭越列傳第三十。

以淮南叛楚歸漢。漢用得大司馬殷。卒破子羽于垓下。作黥布列傳第三十一。

楚人迫我京索。而信拔魏趙。定燕齊。使漢三分天下有其二。以滅項籍。作淮陰侯列傳第三十二。

楚漢相距鞏洛。而韓信爲塡潁川。盧綰絕籍糧餉。作韓信盧綰列傳第三十三。

諸侯畔項王。唯齊連子羽城陽。漢得以閒遂入彭城。作田儋列傳第三十四。

攻城野戰。獲功歸報。噲商有力焉。非獨鞭策。又與之脫難。作樊酈列傳第三十五。

漢既初定。文理未明。蒼爲主計。整齊度量。序律曆。作張丞相列傳第三十六。

結言通使。約懷諸侯。諸侯咸親。歸漢爲藩輔。作酈生陸賈列傳第三十七。

欲詳知秦楚之事。唯周緤常從高祖。平定諸侯。作傅靳蒯成列傳第三十

徙彊族都關中。和約匈奴。明朝廷禮。次宗廟儀法。作劉敬叔孫通列傳第
三十九。
能摧剛作柔。卒爲列臣。欒公不劫於勢而倍死。作季布欒布列傳第四十
敢犯顏色以達主義。不顧其身。爲國家樹長畫。作袁盎朝錯列傳第四十
一。
守法不失大理。言古賢人。增主之明。作張釋之馮唐列傳第四十二。
敦厚慈孝。訥於言。敏於行。務在鞠躬。君子長者。作萬石張叔列傳第四十
三。
守節切直。義足以言廉。行足以厲賢。任重權不可以非理撓。作田叔列傳
第四十四。
扁鵲言醫。爲方者宗。守數精明。後世修序。弗能易也。而倉公可謂近之矣。
作扁鵲倉公列傳第四十五。
維仲之省。厥濞王吳。遭漢初定。以塡撫江淮之間。作吳王濞列傳第四十
六。
吳楚爲亂。宗屬唯嬰賢而喜士。士鄉之。率師抗山東滎陽。作魏其武安列
傳第四十七。
智足以應近世之變。寬足用得人。作韓長孺列傳第四十八。
勇於當敵。仁愛士卒。號令不煩。師徒鄉之。作李將軍列傳第四十九。

自三代以來。匈奴常爲中國患害。欲知彊弱之時。設備征討。作匈奴列傳
第五十。
直曲塞。廣河南。破祁連。通西國。靡北胡。作衞將軍驃騎列傳第五十一。
大臣宗室。以侈靡相高。唯弘用節衣食。爲百吏先。作平津侯列傳第五十
二。
漢既平中國。而佗能集揚越以保南藩。納貢職。作南越列傳第五十三。
吳之叛逆。甌人斬濞。葆守封禺爲臣。作東越列傳第五十四。
燕丹散亂遼間。滿收其亡民。厥聚海東。以集眞藩。葆塞爲外臣。作朝鮮列
傳第五十五。
唐蒙使略通夜郎。而邛笮之君請爲內臣受吏。作西南夷列傳第五十六。
子虛之事。大人賦說。靡麗多誇。然其指風諫。歸於無爲。作司馬相如列傳
第五十七。
黥布叛逆。子長國之。以塡江淮之南。安剽楚庶民。作淮南衡山列傳第五
十八。
奉法循理之吏。不伐功矜能。百姓無稱。亦無過行。作循吏列傳第五十九。
正衣冠立於朝廷。而羣臣莫敢言浮說。長孺矜焉。好薦人。稱長者。壯有溉。
作汲鄭列傳第六十。
自孔子卒。京師莫崇庠序。唯建元元狩之間。文辭粲如也。作儒林列傳第
六十一。

民倍本，多巧姦軌，弄法，善人不能化，唯一切嚴削爲能齊之。作酷吏列傳第六十二。

漢既通使大夏，而西極遠蠻，引領內鄉，欲觀中國。作大宛列傳第六十三。

救人於戹，振人不贍，仁者有乎；不既信，不倍言，義者有取焉。作游俠列傳第六十四。

夫事人君能說主耳目，和主顏色，而獲親近，非獨色愛，能亦各有所長。作佞幸列傳第六十五。

不流世俗，不爭勢利，上下無所凝滯，人莫之害，以道之用。作滑稽列傳第六十六。

齊楚秦趙爲日者，各有俗所用。欲循觀其大旨，作日者列傳第六十七。

三王不同龜，四夷各異卜，然各以決吉凶。略闚其要，作龜策列傳第六十八。

布衣匹夫之人，不害於政，不妨百姓，取與以時而息財富，智者有采焉。作貨殖列傳第六十九。

維我漢繼五帝末流，接三代統業。周道廢，秦撥去古文，焚滅詩書，故明堂石室金匱玉版圖籍散亂。於是漢興，蕭何次律令，韓信申軍法，張蒼爲章程，叔孫通定禮儀，則文學彬彬稍進，詩書往往間出矣。自曹參薦蓋公言黃老，而賈生、晁錯明申商，公孫弘以儒顯，百年之間，天下遺文古事靡不畢集太史公。太史公仍父子相續纂其職。曰：於戲！余維先人嘗掌斯事，顯於唐虞，至于周，復典之，故司馬氏世主天官。至於余乎，欽念哉！欽念哉！罔羅天下放失舊聞，王迹所興，原始察終，見盛觀衰，論考之行事，略推三代，錄秦漢，上記軒轅，下至于茲，著十二本紀，既科條之矣。並時異世，年差不明，作十表。禮樂損益，律曆改易，兵權山川鬼神，天人之際，承敝通變，作八書。二十八宿環北辰，三十輻共一轂，運行無窮，輔拂股肱之臣配焉，忠信行道，以奉主上，作三十世家。扶義俶儻，不令己失時，立功名於天下，作七十列傳。凡百三十篇，五十二萬六千五百字，爲太史公書。序略，以拾遺補藝，成一家之言，厥協六經異傳，整齊百家雜語，藏之名山，副在京師，俟後世聖人君子。第七十。

太史公曰：余述歷黃帝以來，至太初而訖，百三十篇。（史記太史公自序）

班孟堅像

蔡冠洛敬摹

班固傳

班氏之先。與楚同姓。令尹子文之後也。子文初生。棄於瞢中。而虎乳之。楚人謂乳穀。謂虎於檡。故名穀於檡。字子文。楚人謂虎班。其子以爲號。秦之滅楚。遷晉代之閒。因氏焉。始皇之末。班壹避墜於樓煩。致馬牛羊數千羣。值漢初定。與民無禁。當孝惠高后時。以財雄邊。出入弋獵。旌旗鼓吹。年百餘歲。以壽終。故北方多以壹爲字者。壹生孺。孺爲任俠。州郡歌之。孺生長。官至上谷守。長生回。以茂材爲長子令。回生況。舉孝廉爲郎。積功勞至上河農都尉。大司農奏課連最。入爲左曹越騎校尉。成帝之初。女爲倢伃。致仕就第。貲累千金。徙昌陵。昌陵後罷。大臣名家皆占數于長安。況生三子。伯斿穉。伯少受詩於師丹。大將軍王鳳薦伯宜勸學。召見晏昵殿。容貌甚麗。誦說有法。拜爲中常侍。時上方鄉學。鄭寬中張禹朝夕入說尚書論語於金華殿中。詔伯受焉。既通大義。又講異同於許商。遷奉車都尉。數年。金華之業絕。出與王許子弟爲羣。在於綺襦紈絝之閒。非其好也。家本北邊。志節慷慨。數求使匈奴。河平中。單于來朝。上使伯持節迎於塞下。會定襄大姓石季羣輩報怨。殺追捕吏。伯上狀。因自請願試守期月。上遣侍中中郎將王舜馳傳代伯護單于。并奉璽書印綬。即拜伯爲定襄太守。定襄聞伯素貴年少。自請治劇。畏其下車作威。吏民竦息。伯至。請問耆老父祖故人有舊恩者。迎延滿堂。日爲供具。執子孫禮。郡中益弛。諸所賓禮皆名豪。

懷恩醉酒。共謀伯宜頗攝錄盜賊。具言本謀亡匿處。伯曰。是所望於父師矣。迺召屬縣長吏。選精進掾史。分部收捕。及它隱伏。旬日。盡得郡中震㮚。咸稱神明。歲餘。上徵伯。伯上書願過故郡。上父祖冢。有詔太守都尉以下會。因召宗族。各以親疎加恩施。散數百金。北州以爲榮。長老紀焉。道病。中風。既至以侍中光祿大夫養病。賞賜甚厚。數年未能起。會許皇后廢。班倢伃。供養東宮。進侍者李平爲倢伃。而趙飛燕爲皇后。伯遂稱篤。久之。上出過臨候伯。伯惶恐起眂事。自大將軍薨後。富平定陵侯張放淳于長等始愛幸。出爲微行。行則同輿執轡。入侍禁中。設宴飲之會。及趙李諸侍中皆引滿舉白。談笑大噱。時乘輿幄坐。張畫屛風。畫紂醉踞妲己。作長夜之樂。上以伯新起。數目禮之。因顧指畫而問伯。紂爲無道。至於是乎。伯對曰。書云。迺用婦人之言。何有踞肆於朝。所謂衆惡歸之。不如是之甚者也。上曰。苟不若此。此圖何戒。伯曰。沈湎于酒。微子所以告去也。式號式謼。大雅所以流連也。詩書淫亂之戒。其原皆在於酒。上迺喟然歎曰。吾久不見班生。今日復聞讜言。放等不懌。稍自引起更衣。因罷出。時長信庭林表適使來。聞見之。後上朝東宮。太后泣曰。帝間顔色瘦黑。班侍中本大將軍所舉。宜寵異之。益求其比。以輔聖德。宜遣富平侯且就國。上曰。諾。車騎將軍王音聞之。以風丞相御史。奏富平侯罪過。上迺出放爲邊都尉。後復徵入。太后與上書曰。前所道尚未效。富平侯反復來。其能默虖。上謝曰。請今奉詔。是時許商爲少府。師丹爲光祿勳。上於是引商丹入爲光祿大夫。伯遷水衡都尉。與兩師並侍中。皆秩中二千石。每朝東宮常從。及有大政。俱使諭指於公卿。上亦稍厭游宴。復修經書之業。太后甚悅。丞相方進復奏。富平侯竟就國。會伯病卒。年三十八。朝廷愍惜焉。斿博學有俊材。左將軍史丹舉賢良方正。以對策爲議郎。遷諫大夫右曹中郎將。與劉向校祕書。每奏事。斿以選受詔進讀羣書。上器其能。賜以祕書之副。時書不布。自東平思王以叔父求太史公諸子書。大將軍白不許。語在東平王傳。斿亦早卒。有子曰嗣。顯名當世。穉少爲黃門郎中常侍。方直自守。成帝季年。立定陶王爲太子。數遣中盾請問近臣。穉獨不敢答。哀帝即位。出穉爲西河屬國都尉。遷廣平相。王莽少與穉兄弟同列友善。兄事斿而弟畜穉。斿之卒也。修緦麻。賻賵甚厚。平帝即位。太后臨朝。莽秉政。方欲文致太平。使使者分行風俗。采頌聲。而穉無所上。琅邪太守公孫閎言災害於公府。大司空甄豐遣屬馳至兩郡諷吏民。而劾閎空造不祥。穉絕嘉應。嫉害聖政。皆不道。太后曰。不宣德美。宜與言災害者異罰。且後宮賢家。我所哀也。閎獨下獄誅。穉懼。上書陳恩謝罪。願歸相印。入補延陵園郎。太后許焉。食故祿終身。由是班氏不顯莽朝。亦不罹咎。初成帝性寬。進入直言。是以王音翟方進等繩法舉過。而劉向杜鄴王章朱雲之徒。肆意犯上。故自帝師安昌侯諸舅大將軍兄弟及公卿大夫後宮外屬史許之家。有貴寵者。莫不被文傷詆。唯谷永常言。建始河平之際。許班之貴。傾動前朝。熏灼四方。賞賜無量。空虛內臧。女寵至極。不可尚矣。今之後起。天所不饗。什倍於前。永指以駮譏。趙

李亦無閒云。穉生彪。彪字叔皮。幼與從兄嗣共遊學。家有賜書。內足於財。好古之士自遠方至。父黨揚子雲以下。莫不造門。嗣雖修儒學。然貴老嚴之術。桓生欲借其書。嗣報曰。若夫嚴子者。絕聖棄智。修生保眞。清虛澹泊。歸之自然。獨師友造化。而不爲世俗所役者也。漁釣於一壑。則萬物不奸其志。棲遲於一丘。則天下不易其樂。不絓聖人之罔。不齅驕君之餌。蕩然肆志。談者不得而名焉。故可貴也。今吾子已貫仁誼之羈絆。繫名聲之韁鎖。伏周孔之軌躅。馳顏閔之極摯。既繫攣於世教矣。何用大道爲自眩曜。昔有學步於邯鄲者。曾未得其髣髴。又復失其故步。遂匍匐而歸耳。恐似此類。故不進。嗣之行已持論如此。叔皮唯聖人之道。然後盡心焉。年二十。遭王莽敗。世祖即位於冀州。時隗囂據壟擁衆。招輯英俊。而公孫述稱帝於蜀漢。天下雲擾。大者連州郡。小者據縣邑。囂問彪曰。往者周亡。戰國並爭。天下分裂數世。然後迺定。其抑者從橫之事復起於今乎。將承運迭興。在於一人也。願先生論之。對曰。周之廢興與漢異。昔周立爵五等。諸侯從政。本根既微。枝葉強大。故其末流有縱橫之事。其埶然也。漢家承秦之制。並立郡縣。主有專己之威。臣無百年之柄。至於成帝。假借外家。哀平短祚。國嗣三絕。危自上起。傷不及下。故王氏之貴。傾擅朝廷。能竊號位。而不根於民。是以即眞之後。天下莫不引領而歎。十餘年閒。外內搔擾。遠近俱發。假號雲合。咸稱劉氏。不謀而同辭。方今雄桀帶州城者。皆無七國世業之資。詩云。皇矣上帝。臨下有赫。鑒觀四方。求民之莫。今民皆謳吟。思漢鄉仰劉氏。已可知矣。囂曰。先生言周漢之埶可也。至於但見愚民。習識劉氏姓號之故。而謂漢家復興疏矣。昔秦失其鹿。劉季逐而掎之。時民復知漢虖。既感囂言。又愍狂狡之不息。迺著王命論以救時難。其辭曰。昔在帝堯之禪。曰咨爾舜。天之歷數在爾躬。舜亦以命禹。泉于稷契。咸佐唐虞。光濟四海。奕世載德。至于湯武而有天下。雖其遭遇異時。禪代不同。至乎應天順民。其揆一也。是故劉氏承堯之祚。氏族之世。著乎春秋。唐據火德。而漢紹之。始起沛澤。則神母夜號。以章赤帝之符。由是言之。帝王之祚。必有明聖顯懿之德。豐功厚利積絫之業。然後精誠通於神明。流澤加於生民。故能爲鬼神所福饗。天下所歸往。未見運世無本。功德不紀。而得屈起在此位者也。世俗見高祖興於布衣。不達其故。以爲適遭暴亂。得奮其劍。游說之士。至比天下於逐鹿。幸捷而得之。不知神器有命。不可以智力求也。悲夫。此世所以多亂臣賊子者也。若然者。豈徒闇於天道哉。又不覩之於人事矣。夫餓饉流隸。饑寒道路。思有短褐之褻。儋石之畜。所願不過一金。然終於轉死溝壑。何則。貧窮亦有命也。況虖天子之貴。四海之富。神明之祚。可得而妄處哉。故雖遭罹阸會。竊其權柄。勇如信布。彊如梁籍。成如王莽。然卒潤鑊伏質。亨醢分裂。又況幺䂏尚不及數子。而欲闇奸天位者虖。是故駑蹇之乘。不騁千里之塗。燕雀之疇。不奮六翮之用。楶棁之材。不荷棟梁之任。斗筲之子。不秉帝王之重。易曰。鼎折足。覆公餗。不勝其任也。當秦之末。豪桀共推陳嬰而王之。嬰母止之曰。自吾爲子家婦。而世貧賤。卒富貴

不祥。不如以兵屬人。事成。少受其利。不成。禍有所歸。嬰從其言。而陳氏以寧。王陵之母。亦見項氏之必亡而劉氏之將興也。是時陵爲漢將。而母獲於楚。有漢使來。陵母見之。謂曰。願告吾子。漢王長者。必得天下。子謹事之。無有二心。遂對漢使伏劍而死。以固勉陵。其後果定於漢。陵爲宰相封侯。夫以匹婦之明。猶能推事理之致。探禍福之機。而全宗祀於無窮。垂策書於春秋。而況大丈夫之事虖。是故窮達有命。吉凶由人。嬰母知廢。陵母知興。審此四者。帝王之分決矣。蓋在高祖。其興也有五。一曰帝堯之苗裔。二曰體貌多奇異。三曰神武有徵應。四曰寬明而仁恕。五曰知人善任使。加之以信誠好謀。達於聽受。見善如不及。用人如由己。從諫如順流。趣時如嚮赴。當食吐哺。納子房之策。拔足揮洗。揖酈生之說。寤戍卒之言。斷懷土之情。高四皓之名。割肌膚之愛。舉韓信於行陳。收陳平於亡命。英雄陳力。羣策畢舉。此高祖之大略。所以成帝業也。若迺靈瑞符應。又可略聞矣。初劉媼任高祖而夢與神遇。震電晦冥。有龍蛇之怪。及其長而多靈。有異於衆。是以王武感物而折券。呂公覩形而進女。秦皇東游以厭其氣。呂后望雲而知所處。始受命則白蛇分。西入關則五星聚。故淮陰留侯謂之天授。非人力也。歷古今之得失。驗行事之成敗。稽帝王之世運。考五者之所謂。取舍不厭斯位。符瑞不同斯度。而苟昧於權利。越次妄據。外不量力。內不知命。則必喪保家之主。失天年之壽。遇折足之凶。伏鈇鉞之誅。英雄誠知覺寤。畏若禍戒。超然遠覽。淵然深識。收陵嬰之明分。絕信布之覬覦。距逐

鹿之瞽說。審神器之有授。毋貪不可幾。爲二母之所咲。則福祚流于子孫。天祿其永終矣。知隗囂終不寤。迺避墜於河西。河西大將軍竇融嘉其美德。訪問焉。舉茂材。爲徐令。以病去官。後數應三公之召。仕不爲祿。所如不合。學不爲人。博而不俗。言不爲華。述而不作。有子曰固。弱冠而孤。作幽通之賦。以致命遂志。其辭曰。系高頊之玄胄兮。氏中葉之炳靈。繇凱風而蟬蛻兮。雄朔野以颺聲。皇十紀而鴻漸兮。有羽儀於上京。巨滔天而泯夏兮。考遘愍以行謠。終保己而貽則兮。里上仁之所廬。懿前烈之純淑兮。窮與達其必濟。咨孤蒙之眇眇兮。將圮絕而罔階。豈余身之足殉兮。愇世業之可懷。靖潛處以永思兮。經日月而彌遠。匪黨人之敢拾兮。庶斯言之不玷。魂煢煢其神交兮。精誠發於宵寐。夢登山而迥眺兮。覿幽人之髣髴。攬葛藟而授余兮。眷峻谷曰勿墜。昒昕寤而仰思兮。心矇矇猶未察。黃神邈而靡質兮。儀遺讖以臆對。曰乘高而遌神兮。道遐通而不迷。葛緜緜於樛木兮。詠南風以爲綏。蓋惴惴之臨深兮。乃二雅之所祇。既諄爾以吉象兮。又申之以烱戒。盍孟晉以迨羣兮。辰倏忽其不再。承靈訓其虛徐兮。竚盤桓而且俟。惟天墜之無窮兮。鮮生民之脢在。紛屯亶與蹇連兮。何艱多而智寡。上聖寤而後拔兮。豈羣黎之所御。昔衛叔之御昆兮。昆爲寇而喪予。管彎弧欲斃讎兮。讎作后而成己。變化故而相詭兮。孰云豫其終始。雍造怨而先賞兮。丁繇惠而被戮。㮚取弔于逌吉兮。王膺慶於所慼。畔回穴其若茲兮。北叟頗識其倚伏。單治裏而外凋兮。張修襮而內逼。聿中龢爲庶幾

兮。顏與冉又不得𡨟。招路以從己兮。謂孔子猶未可。安慆慆而不萉兮。卒隕身虖世禍。游聖門而靡救兮。顧覆醢其何補。固行行其必凶兮。免盜亂爲賴道。形氣發于根柢兮。柯葉彙而靈茂。恐网蜽之責景兮。慶未得其云已。黎淳耀于高辛兮。芉彊大於南氾。嬴取威於百儀兮。姜本支虖三止。既仁得其信然兮。卬天路而同軌。東厸虐而殲仁兮。王合位虖三五。戎女烈而喪孝兮。伯徂歸於龍虎。發還師以成性兮。重醉行而自耦。震鱗漦于夏庭兮。帀三正而滅周。巽羽化于宣宮兮。彌五辟而成災。道悠長而世短兮。敻冥默而不周。胥仍物而鬼諏兮。迺窮宙而達幽。嬀巢姜於孺筮兮。旦算祀于挈龜。宣曹興敗於下夢兮。魯衛名諡於銘謠。妣聆呱而刻石兮。許相理而鞠條。道混成而自然兮。術同原而分流。神先心以定命兮。命隨行以消息。斡流遷其不濟兮。故遭罹而嬴縮。三欒同於一體兮。雖移盈然不忒。洞參差其紛錯兮。斯衆兆之所惑。周賈盪而貢憤兮。齊死生與禍福。抗爽言以矯情兮。信畏犧而忌鵩。所貴聖人之至論兮。順天性而斷誼。物有欲而不居兮。亦有惡而不避。守孔約而不貳兮。迺輶德而無累。三仁殊而一致兮。夷惠舛而齊聲。木偃息以蕃魏兮。申重繭以存荆。紀焚躬以衞上兮。皓頤志而弗營。侯屮木之區別兮。苟能實而必榮。要沒世而不朽兮。迺先民之所程。觀天罔之紘覆兮。實棐諶而相順。謨先聖之大繇兮。亦厸悳而助信。虞韶美而儀鳳兮。孔忘味於千載。素文信而底麟兮。漢賓祚于異代。精通靈而感物兮。神動氣而入徹。養游睇而猨號兮。李虎發而石開。非精誠其焉通兮。苟無實其孰信。操末技猶必然兮。矧湛躬於道真。登孔顥而上下兮。緯羣龍之所經。朝貞觀而夕化兮。猶諠己而遺形。若胤彭而偕老兮。訴來哲以通情。亂曰。天造屮昧。立性命兮。復心弘道。惟賢聖兮。渾元運物。流不處兮。保身遺名。民之表兮。舍生取誼。亦道用兮。憂傷夭物。忝莫痛兮。昊爾太素。曷渝色兮。尙粵其幾。淪神域兮。永平中爲郎。典校祕書。專篤志於博學。以著述爲業。或譏以無功。又感東方朔揚雄自論。以不遭蘇張范蔡之時。曾不折之以正道。明君子之所守。故聊復應焉。其辭曰。賓戲主人曰。蓋聞聖人有壹定之論。列士有不易之分。亦云名而已矣。故太上有立德。其次有立功。夫德不得後身而特盛。功不得背時而獨章。是以聖喆之治。棲棲皇皇。孔席不煗。墨突不黔。由此言之。取舍者。昔人之上務。著作者。前列之餘事耳。今吾子幸游帝王之世。躬帶冕之服。浮英華。湛道德。彎龍虎之文舊矣。卒不能攄首尾。奮翼鱗。振拔洿塗。跨騰風雲。使見之者景駭。聞之者嚮震。徒樂枕經籍書。紆體衡門。上無所蒂。下無所根。獨攄意乎宇宙之外。銳思於豪芒之內。潛神默記。恒以年歲。然而器不賈於當己。用不效於一世。雖馳辯如濤波。摛藻如春華。猶無益於殿最。意者且運朝夕之策。定合會之計。使存有顯號。亡有美諡。不亦優虖。主人逌爾而笑曰。若賓之言。斯所謂見埶利之華。闇道德之實。守突奧之熒燭。未卬天庭而覩白日也。曩者王塗蕪穢。周失其御。侯伯方軌。戰國橫鶩。於是七雄虓闞。分裂諸夏。龍戰而虎爭。游說之徒。風颺電激。並起而救之。其餘猋飛景附。煜

譬其間者。蓋不可勝載。當此之時。搦朽摩鈍。鉛刀皆能壹斷。是故魯連飛一矢而蹶千金。虞卿以顧眄而捐相印也。夫啾發投曲。感耳之聲。合之律度。淫鼃而不可聽者。非韶夏之樂也。因埶合變。偶時之會。風移俗易。乖忤而不可通者。非君子之法也。及至從人合之。衡人散之。亡命漂說。羇旅騁辭。商鞅挾三術以鑽孝公。李斯奮時務而要始皇。彼皆躡風雲之會。履顛沛之埶。據徼乘邪。以求一日之富貴。朝爲榮華。夕而焦瘁。福不盈眦。禍溢於世。凶人且以自悔。況吉士而是賴虖。且功不可以虛成。名不可以僞立。韓設辯以徼君。呂行詐以賈國。說難既酋。其身迺囚。秦貨既貴。厥宗亦隧。是故仲尼抗浮雲之志。孟軻養浩然之氣。彼豈樂爲迂闊哉。道不可以貳也。方今大漢洒埽羣穢。夷險芟荒。廓帝紘。恢皇綱。基隆於羲農。規廣於黃唐。其君天下也。炎之如日。威之如神。函之如海。養之如春。是以六合之內。莫不同原共流。沐浴玄德。稟卬太和。枝附葉著。譬猶屮木之殖山林。鳥魚之毓川澤。得氣者蕃滋。失時者苓落。參天墬而施化。豈云人事之厚薄哉。今子處皇世而論戰國。耀所聞而疑所覿。欲從旄敦而度高虖泰山。懷氿濫而測深虖重淵。亦未至也。賓曰。若夫鞅斯之倫。衰周之凶人。既聞命矣。敢問上古之士。處身行道。輔世成名。可述於後者。默而已虖。主人曰。何爲其然也。昔咎繇謨虞。箕子訪周。言通帝王。謀合聖神。殷說夢發於傅巖。周望兆動於渭濱。齊甯激聲於康衢。漢良受書於邳沂。皆竢命而神交。匪詞言之所信。故能建必然之策。展無窮之勳也。近者陸子優繇。新語以興。董生下帷。發藻儒林。劉向司籍。辯章舊聞。揚雄覃思。法言太玄。皆及旹君之門闑。究先聖之壼奧。婆娑虖術藝之場。休息虖篇籍之囿。以全其質而發其文。用納虖聖聽。列炳於後人。斯非其亞與。若迺夷抗行於首陽。惠降志於辱仕。顏耽樂於簞瓢。孔終篇於西狩。聲盈塞於天淵。眞吾徒之師表也。且吾聞之。壹陰壹陽。天墬之方。迺文迺質。王道之綱。有同有異。聖喆之常。故曰慎修所志。守爾天符。委命共已。味道之腴。神之聽之。名其舍諸。賓又不聞。龢氏之璧。韞於荊石。隋侯之珠。臧於蚌蛤虖。歷世莫眡。不知其將含景耀。吐英精。曠千載而流夜光也。應龍潛於潢汙。魚黿媟之。不覩其能奮靈德。合風雲。超忽荒而躆顥蒼也。故夫泥蟠而天飛者。應龍之神也。先賤而後貴者。龢隋之珍也。旹闇而久章者。君子之眞也。若迺牙曠清耳於管絃。離婁眇目於豪分。逢蒙絕技於弧矢。班輸榷巧於斧斤。良樂軼能於相馭。烏獲抗力於千鈞。龢鵲發精於鍼石。研桑心計於無垠。僕亦不任。廁技於彼列。故密爾自娛於斯文。固以爲唐虞三代。詩書所及。世有典籍。故雖堯舜之盛。必有典謨之篇。然後揚名於後世。冠德於百王。故曰巍巍乎其有成功也。煥乎其有文章也。漢紹堯運。以建帝業。至於六世。史臣乃追述功德。私作本紀。編於百王之末。廁於秦項之列。太初以後。闕而不錄。故探纂前記。綴輯所聞。以述漢書。起于高祖。終于孝平王莽之誅。十有二世。二百三十年。綜其行事。旁貫五經。上下洽通。爲春秋考紀表志傳。凡百篇。其敘曰。

皇矣漢祖。纂堯之緒。實天生德。聰明神武。秦人不綱。罔漏于楚。爰茲發迹。
斷蛇奮旅。神母告符。朱旗迺舉。粵蹈秦郊。嬰來稽首。革命創制。三章是紀。
應天順民。五星同晷。項氏畔換。黜我巴漢。西土宅心。戰士憤怨。乘釁而運。
席卷三秦。割據河山。保此懷民。股肱蕭曹。社稷是經。爪牙信布。腹心良平。
龔行天罰。赫赫明明。述高紀第一。
孝惠短世。高后稱制。罔顧天顯。呂宗以敗。述惠紀第二。高后紀第三。
太宗穆穆。允恭玄默。化民以躬。帥下以德。農不供貢。辠不收孥。宮不新館。
陵不崇墓。我德如風。民應如草。國富刑清。登我漢道。述文紀第四。
孝景莅政。諸侯方命。克伐七國。王室以定。匪怠匪荒。務在農桑。著于甲令
民用寧康。述景紀第五。
世宗曄曄。思弘祖業。疇咨熙載。髦俊並作。厥作伊何。百蠻是攘。恢我疆宇。
外博四荒。武功既抗。亦迪斯文。憲章六學。統壹聖真。封禪郊祀。登秩而神。
協律改正。饗茲永年。述武紀第六。
孝昭幼沖。冢宰惟忠。燕蓋譸張。實叡實聰。辠人斯得。邦家和同。述昭紀第
七。
中宗明明。寅用刑名。時舉傳納。聽斷惟精。柔遠能邇。燀燿威靈。龍荒幕朔。
莫不來庭。丕顯祖烈。尚於有成。述宣紀第八。
孝元翼翼。高明柔克。賓禮故老。優繇亮直。外割禁囿。內損御服。離宮不衞。
山陵不邑。閹尹之呰。穢我明德。述元紀第九。

歷代聖哲像傳

班固像 附傳

孝成煌煌。臨朝有光。威儀之盛。如圭如璋。壼閫恣趙。朝政在王。炎炎燎火。
亦允不陽。述成紀第十。
孝哀彬彬。克攬威神。彫落洪支。底剭鼎臣。婉孌董公。惟亮天功。大過之困。
實橈實凶。述哀紀第十一。
孝平不造。新都作宰。不周不伊。喪我四海。述平紀第十二。
漢初受命。諸侯並政。制自項氏。十有八姓。述異姓諸侯王表第一。
太祖元勳。啓立輔臣。支庶藩屏。侯王並尊。述諸侯王表第二。
侯王之祉。祚及宗子。公族蕃滋。支葉碩茂。述王子侯表第三。
受命之初。贊功剖符。奕世弘業。爵土迺昭。述高惠高后孝文功臣侯表第
四。
景征吳楚。武興師旅。後昆承平。亦有紹土。述景武昭宣元成哀功臣侯表
第五。
亡德不報。爰存二代。宰相外戚。昭韙見戒。述外戚恩澤侯表第六。
漢迪于秦。有革有因。觕舉僚職。並列其人。述百官公卿表第七。
篇章博舉。通于上下。略差名號。九品之叙。述古今人表第八。
元元本本。數始於一。產氣黃鐘。造計秒忽。八音七始。五聲六律。度量權衡。
曆算逌出。官失學微。六家分乖。壹彼壹此。庶研其幾。述律曆志第一。
上天下澤。春雷奮作。先王觀象。爰制禮樂。厥後崩壞。鄭衞荒淫。風流民化。
湎湎紛紛。略存大綱。以統舊文。述禮樂志第二。

雷電皆至。天威震耀。五刑之作。是則是效。威實輔德。刑亦助教。季世不詳。
背本爭末。吳孫狙詐。申商酷烈。漢章九法。太宗改作。輕重之差。世有定籍。
述刑法志第三。
厥初生民。食貨惟先。割制廬井。定爾土田。什一供貢。下富上尊。商以足用。
茂遷有無。貨自龜貝。至此五銖。揚搉古今。監世盈虛。述食貨志第四。
昔在上聖。昭事百神。類帝禋宗。望秩山川。明德惟馨。永世豐年。季末淫祀。
營信巫史。大夫臚岱。侯伯僭畤。放誕之徒。緣間而起。瞻前顧後。正身終始。
述郊祀志第五。
炫炫上天。縣象著明。日月周輝。星辰垂精。百官立法。宮室混成。降應王政。
景以燭形。三季之後。厥事放紛。舉其占應。覽故考新。述天文志第六。
河圖命庖。洛書賜禹。八卦成列。九疇逌敘。三代實寶。光演文武。春秋之占。
咎徵是舉。告往知來。王事之表。述五行志第七。
坤作墜勢。高下九則。自昔黃唐。經略萬國。燮定東西。疆理南北。三代損益。
降及秦漢。革剗五等。制立郡縣。略表山川。彰其剖判。述地理志第八。
夏乘四載。百川是導。惟河為艱。災及後代。商竭周移。秦決南涯。自茲距漢。
北亡八支。文陻棗野。武作瓠歌。成有平年。後遂滂沱。爰及溝渠。利我國家。
述溝洫志第九。
虙羲畫卦。書契後作。虞夏商周。孔纂其業。篹書刪詩。綴禮正樂。彖系大易。
因史立法。六學既登。遭世罔弘。羣言紛亂。諸子相騰。秦人是滅。漢修其缺。

劉向司籍。九流以別。爰著目錄。略序洪烈。述藝文志第十。
上嫚下暴。惟盜是伐。勝廣熛起。梁籍扇烈。赫赫炎炎。遂焚咸陽。宰割諸夏。
命立侯王。誅嬰放懷。詐虐以亡。述陳勝項籍傳第一。
張陳之交。游如父子。攜手遂秦。拊翼俱起。據國爭權。還為豺虎。耳謀甘公。
作漢藩輔。述張耳陳餘傳第二。
三枿之起。本根既朽。枯楊生華。曷惟其舊。橫雖雄材。伏于海隝。沐浴尸鄉。
北面奉首。旅人慕殉。義過黃鳥。述魏豹田儋韓信傳第三。
信惟餓隸。布實黥徒。越亦狗盜。芮尹江湖。雲起龍襄。化為侯王。割有齊楚。
跨制淮梁。綰自同閈。鎮我北疆。德薄位尊。非胙惟殃。吳克忠信。胤嗣迺長。
述韓彭英盧吳傳第四。
賈廑從旅。為鎮淮楚。澤王琅邪。權激諸呂。濞之受吳。疆土踰矩。雖戒東南。
終用齊斧。述荊燕吳傳第五。
太上四子。伯兮早夭。仲氏王代。斿宅于楚。戊實淫軼。平陸迺紹。其在于京。
奕世宗正。劬勞王室。用侯陽成。子政博學。三世成名。述楚元王傳第六。
季氏之詘。辱身毀節。信于上將。議臣震栗。欒公哭梁。田叔殉趙。見危授命。
誼動明主。布歷燕齊。叔亦相魯。民思其政。或金或社。述季布欒布田叔傳
第七。
高祖八子。二帝六王。三趙不辜。淮厲自亡。燕靈絕嗣。齊悼特昌。掩有東土。
自岱徂海。支庶分王。前後九子。六國誅斃。適齊亡祀。城陽濟北。後承我國。

赳赳景王。匡漢社稷。述高五王傳第八。
猗與元勳。包漢舉信。鎭守關中。足食成軍。營都立宮。定制修文。平陽玄默。
繼而弗革。民用作歌。化我淳德。漢之宗臣。是謂相國。述蕭何曹參傳第九。
留侯襲秦。作漢腹心。圖折武關。解阸鴻門。推齊銷印。敺致越信。招賓四老。
惟寧嗣君。陳公擾攘。漢歸迺安。斃范亡項。走狄擒韓。六奇既設。我罔艱難。
安國廷爭。致仕杜門。絳侯矯矯。誅呂尊文。亞夫守節。吳楚有勳。述張陳王
周傳第十。
舞陽鼓刀。滕公廄騶。潁陰商販。曲周庸夫。攀龍附鳳。並乘天衢。述樊酈滕
灌傳靳周傳第十一。
北平志古。司秦柱下。定漢章程。律度之緒。建平質直。犯上干色。廣阿之廑。
食厥舊德。故安執節。責通請錯。蹇蹇帝臣。匪躬之故。述張周趙任申屠傳。
第十二。
食其監門。長揖漢王。畫襲陳留。進收敖倉。塞隘杜津。王基以張。賈作行人。
百越來賓。從容風議。博我以文。敬繇役夫。遷京定都。內強關中。外和匈奴。
叔孫奉常。與時抑揚。稅介免冑。禮義是創。或哲或謀。觀國之光。述酈陸朱
婁叔孫傳第十三。
淮南僭狂。二子受殃。安辯而邪。賜頑以荒。敢行稱亂。窘世薦亡。述淮南衡
山濟北傳第十四。
蒯通壹說。三雄是敗。覆酈驕韓。田橫顚沛。被之拘繫。迺成患害。充躬罔極。
交亂弘大。述蒯伍江息夫傳第十五。
萬石溫溫。幼寤聖君。宜爾子孫。夭夭伸伸。慶社于齊。不言動民。衞直周張。
淑愼其身。述萬石衞直周張傳第十六。
孝文三王。代孝二梁。懷折亡嗣。孝乃尊光。內爲母弟。外扞吳楚。怙寵矜功。
僭欲失所。思心既霿。牛旤告妖。帝庸親親。厥國五分。德不堪寵。四支不傳。
述文三王傳第十七。
賈生矯矯。弱冠登朝。遭文叡聖。屢抗其疏。暴秦之戒。三代是據。建設藩屏。
以強守圉。吳楚合從。賴誼之慮。述賈誼傳第十八。
子絲慷慨。激辭納說。攬轡正席。顯陳成敗。錯之瑣材。智小謀大。旤如發機。
先寇後害。述爰盎鼂錯傳第十九。
釋之典刑。國憲以平。馮公矯魏。增主之明。長孺剛直。義形于色。下折淮南。
上正元服。莊之推賢。於茲爲德。述張馮汲鄭傳第二十。
欒如辱如。有機有樞。自下摩上。惟德之隅。賴依忠正。君子采諸。述賈鄒枚
路傳第二十一。
魏其翩翩。好節慕聲。灌夫矜勇。武安驕盈。凶德相挻。旤敗用成。安國壯趾。
王恢兵首。彼若天命。此近人咎。述竇田灌韓傳第二十二。
景十三王。承文之慶。魯恭館室。江都訬輕。趙敬險詖。中山淫醟。長沙寂漠。
廣李亡聲。膠東不亮。常山驕盈。四國絕祀。河閒賢明。禮樂是修。爲漢宗英。
述景十三王傳第二十三。

李廣恂恂。實獲士心。控弦貫石。威動北鄰。躬戰七十。遂死于軍。敢怨衛青。見討去病。陵不引決。忝世滅姓。蘇武信節。不詘王命。述李廣蘇建傳第二十四。

長平桓桓。上將之元。薄伐獫允。恢我朔邊。戎車七征。衝輣閑閑。合圍單于。北登闐顏。票騎冠軍。猋勇紛紜。長驅六舉。電擊雷震。飲馬翰海。封狼居山。西規大河。列郡祁連。述衛青霍去病傳第二十五。

抑抑仲舒。再相諸侯。身修國治。致仕縣車。下帷覃思。論道屬書。讜言訪對。爲世純儒。述董仲舒傳第二十六。

文豔用寡。子虛烏有。寓言淫麗。託風終始。多識博物。有可觀采。蔚爲辭宗。賦頌之首。述司馬相如傳第二十七。

平津斤斤。晚躋金門。既登爵位。祿賜頤賢。布衾疏食。用儉飭身。卜式耕牧。以求其志。忠寤明君。迺爵迺試。兒生亹亹。束髮修學。偕列名臣。從政輔治。述公孫弘卜式兒寬傳第二十八。

張湯遂達。用事任職。媚茲一人。日旰忘食。既成寵祿。亦羅咎慝。安世溫良。塞淵其德。子孫遵業。全祚保國。述張湯傳第二十九。

杜周治文。唯上淺深。用取世資。幸而免身。延年寬和。列于名臣。欽用材謀。有異厥倫。述杜周傳第三十。

博望杖節。收功大夏。貳師秉鉞。身釁胡社。致死爲福。每生作戾。述張騫李廣利傳第三十一。

嗚呼史遷。薰胥以刑。幽而發憤。迺思迺精。錯綜群言。古今是經。勒成一家。大略孔明。述司馬遷傳第三十二。

孝武六子。昭齊亡嗣。燕刺謀逆。廣陵祝詛。昌邑短命。昏賀失據。戾園不幸。宣承天序。述武五子傳第三十三。

六世耽耽。其欲浟浟。文武方作。是庸四克。助偃淮南。數子之德。不忠其身。善謀於國。述嚴朱吾丘主父徐嚴終王賈傳第三十四。

東方贍辭。詼諧倡優。譏苑扞偃。正諫舉郵。懷肉汙殿。弛張沈浮。述東方朔傳第三十五。

葛繹內寵。屈氂王子。千秋時發。宜春舊仕。敞義依霍。庶幾云已。弘惟政事。萬年容己。咸睡厥誨。孰爲不子。述公孫劉田楊王蔡陳鄭傳第三十六。

王孫贏葬。建迺斬將。雲廷訐禹。福逾刺鳳。是謂狂狷。敞近其衷。述楊胡朱梅云傳第三十七。

博陸堂堂。受遺武皇。擁毓孝昭。末命導揚。遭家不造。立帝廢王。權定社稷。配忠阿衡。懷祿耽寵。漸化不詳。陰妻之逆。至子而亡。秺侯狄孥。虔恭忠信。奕世載德。貤于子孫。述霍光金日磾傳第三十八。

兵家之策。惟在不戰。營平皤皤。立功立論。以不濟可。上諭其信。武賢父子。虎臣之俊。述趙充國辛慶忌傳第三十九。

義陽樓蘭。長羅昆彌。安遠日逐。義成郅支。陳湯誕節。救在三悊。會宗勤事。彊外之桀。述傅常鄭甘陳段傳第四十。

不疑庸敏。應變當理。辭霍不婚。逡遁致仕。疏克有終。散金娛老。定國之祚。
于其仁考。廣德當宣。近於知恥。述雋疏于薛平彭傳第四十一。
四皓遯秦。古之逸民。不營不拔。嚴平鄭眞。吉困于賀。涅而不緇。禹既黃髮。
以德來仕。舍惟正身。勝死善道。郭欽蔣詡。近遯之好。述王貢兩龔鮑傳第
四十二。
扶陽濟濟。聞詩聞禮。玄成退讓。仍世作相。漢之宗廟。叔孫是謨。革自孝元。
諸儒變度。國之誕章。博載其路。述韋賢傳第四十三。
高平師師。惟辟作威。圖黜凶害。天子是毗。博陽不伐。含弘光大。天誘其衷。
慶流苗裔。述魏相丙吉傳第四十四。
占往知來。幽贊神明。苟非其人。道不虛行。學微術昧。或見仿佛。疑殆匪闕。
違衆迕世。淺爲尤悔。深作敦害。述眭兩夏侯京翼李傳第四十五。
廣漢尹京。克聰克明。延壽作翊。既和且平。矜能訐上。俱陷極刑。翁歸承風。
帝揚厥聲。敞亦平平。文雅自贊。尊實赳赳。邦家之彥。章死非辠。士民所歎。
述趙尹韓張兩王傳第四十六。
寬饒正色。國之司直。豐繫好剛。輔亦慕直。皆陷狂狷。不典不式。崇執言責。
隆持官守。寶曲定陵。並有立志。述蓋諸葛劉鄭毋將孫何傳第四十七。
長倩懊懊。覿霍不舉。遇宣酒拔。傳元作輔。不圖不慮。見躓石許。述蕭望之
傳第四十八。
子明光光。發迹西疆。列於禦侮。厥子亦良。述馮奉世傳第四十九。

宣之四子。淮陽聰敏。舅氏蘧蒢。幾陷大理。楚孝惡疾。東平失軌。中山凶短。
母歸戎里。元之二王。孫後大宗。昭而不穆。大命更登。述宣元六王傳第五
十。
樂安褎褎。古之文學。民具爾瞻。困于二司。安昌貨殖。朱雲作娸。博山敦慎。
受莽之疢。述匡張孔馬傳第五十一。
樂昌篤實。不撓不詘。遘閔既多。是用廢黜。武陽殷勤。輔導副君。既忠且謀。
饗兹舊勳。高武守正。因用濟身。述王商史丹傅喜傳第五十二。
高陽文法。揚鄉武略。政事之材。道德惟薄。位過厥任。鮮終其祿。博之翰音。
鼓妖先作。述薛宣朱博傳第五十三。
高陵修儒。任刑養威。用合時宜。器周世資。義得其勇。如虎如貔。進不跬步。
宗爲鯨鯢。述翟方進傳第五十四。
統微政缺。災眚屢發。永陳厥咎。戒在三七。鄴指丁傳。略窺占術。述谷永杜
鄴傳第五十五。
哀平之卹。丁傅莽賢。武嘉戚之。乃喪厥身。高樂廢黜。咸列貞臣。述何武王
嘉師丹傳第五十六。
淵哉若人。實好斯文。初擬相如。獻賦黃門。輟而覃思。草法篡玄。斟酌六經。
放易象論。潛于篇籍。以章厥身。述揚雄傳第五十七。
獷獷亡秦。滅我聖文。漢存其業。六學析分。是綜是理。是綱是紀。師徒彌散。
著其終始。述儒林傳第五十八。

誰毀誰譽。譽其有試。泯泯羣黎。化成良吏。淑人君子。時同功異。沒世遺愛。
民有餘思。述循吏傳第五十九。
上替下陵。姦軌不勝。猛政橫作。刑罰用興。曾是強圉。掊克爲雄。報虐以威。
殃亦凶終。述酷吏傳第六十。
四民食力。罔有兼業。大不淫侈。細不匱乏。蓋均無貧。遵王之法。靡法靡度。
民肆其詐。偪上幷下。荒殖其貨。侯服玉食。敗俗傷化。述貨殖傳第六十一。
開國承家。有法有制。家不臧甲。國不專殺。矧乃齊民。作威作惠。如台不匡。
禮法是謂。述游俠傳第六十二。
彼何人斯。竊此富貴。營損高明。作戒後世。述佞幸傳第六十三。
於惟帝典。戎夷猾夏。周宣攘之。亦列風雅。宗幽既昏。淫于褒女。戎敗我驪。
遂亡酆鄗。大漢初定。匈奴強盛。圍我平城。寇侵邊境。至于孝武。爰赫斯怒。
王師雷起。霆擊朔野。宣承其末。迺施洪德。震我威靈。五世來服。王莽竊命。
是傾是覆。備其變理。爲世典式。述匈奴傳第六十四。
西南外夷。種別域殊。南越尉佗。自王番禺。攸攸外寓。閩越東甌。爰洎朝鮮。
燕之外區。漢興柔遠。與爾剖符。皆恃其岨。乍臣乍驕。孝武行師。誅滅海隅。
述西南夷兩越朝鮮傳第六十五。
西戎卽序。夏后是表。周穆觀兵。荒服不旅。漢武勞神。圖遠甚勤。王師驒驒。
致誅大宛。姼姼公主。迺女烏孫。使命迺通。條支之瀕。昭宣承業。都護是立。
總督城郭。三十有六。修奉朝貢。各以其職。述西域傳第六十六。

詭矣禍福。刑于外戚。高后首命。呂宗顛覆。薄姬滅魏。宗文產德。竇后違意。
考盤于代。王氏仄微。世武作嗣。子夫既興。扇而不終。鉤弋憂傷。孝昭以登。
上官幼尊。類禡厥宗。史娣王悼。身遇不祥。及宣饗國。二族後光。恭哀產元。
夭而不遂。邛成乘序。履尊三世。飛燕之妖。禍成厥妹。丁傅僭恣。自求凶害。
中山無辜。乃喪馮衛。惠張景薄。武陳宣霍。成許哀傅。平王之作。事雖歆羨。
非天所度。怨咎若茲。如何不恪。述外戚傳第六十七。
元后娠母。月精見表。遭成之逸。政自諸舅。陽平作威。誅加卿宰。成都煌煌。
假我明光。曲陽歊歊。亦朱其堂。新都亢極。作亂以亡。述元后傳第六十八。
咨爾賊臣。篡漢滔天。行驕夏癸。虐烈商辛。僞稽黃虞。繆稱典文。衆怨神怒。
惡復誅臻。百王之極。究其姦昏。述王莽傳第六十九。
凡漢書。敘帝皇。列官司。建侯王。準天地。統陰陽。闡元極。步三光。分州域。物
土疆。窮人理。該萬方。緯六經。綴道綱。總百氏。贊篇章。函雅故。通古今。正文
字。惟學林。述敘傳第七十。（前漢書敘傳）

武侯讚像

李鴻梁敬摹

諸葛亮傳

諸葛亮。字孔明。琅邪陽都人也。漢司隸校尉諸葛豐後也。父珪。字君貢。漢末爲太山郡丞。亮早孤。從父玄爲袁術所署豫章太守。玄將亮及亮弟均之官。會漢朝更選朱皓代玄。玄素與荆州牧劉表有舊。往依之。玄卒。亮躬畊隴畝。好爲梁父吟。身長八尺。每自比於管仲樂毅。時人莫之許也。惟博陵崔州平。潁川徐庶元直。與亮友善。謂爲信然。時先主屯新野。徐庶見先主。先主器之。謂先主曰。諸葛孔明者。臥龍也。將軍豈願見之乎。先主曰。君與俱來。庶曰。此人可就見。不可屈致也。將軍宜枉駕顧之。由是先主遂詣亮。凡三往。乃見。因屛人曰。漢室傾頹。姦臣竊命。主上蒙塵。孤不度德量力。欲信大義於天下。而智術淺短。遂用猖獗。至于今日。然志猶未已。君謂計將安出。亮答曰。自董卓已來。豪傑並起。跨州連郡者。不可勝數。曹操比於袁紹。則名微而衆寡。然操遂能克紹。以弱爲彊者。非惟天時。抑亦人謀也。今操已擁百萬之衆。挾天子以令諸侯。此誠不可與爭鋒。孫權據有江東。已歷三世。國險而民附。賢能爲之用。此可與爲援。而不可圖也。荆州北據漢沔。利盡南海。東連吳會。西通巴蜀。此用武之國。而其主不能守。此殆天所以資將軍。將軍豈有意乎。益州險塞。沃野千里。天府之土。高祖因之以成帝業。劉璋闇弱。張魯在北。民殷國富。而不知存恤。智能之士。思得明君。將軍既帝室之胄。信義著於四海。總攬英雄。思賢如渴。若跨有荆益。保其

巖阻。西和諸戎。南撫夷越。外結好孫權。內修政理。天下有變。則命一上將將荆州之軍。以向宛洛。將軍身率益州之衆。以出秦川。百姓孰敢不簞食壺漿以迎將軍者乎。誠如是。則霸業可成。漢室可興矣。先主曰。善。於是與亮情好日密。關羽張飛等不悅。先主解之曰。孤之有孔明。猶魚之有水也。願諸君勿復言。羽飛乃止。劉表長子琦。亦深器亮。表受後妻之言。愛少子琮。不悅於琦。琦每欲與亮謀自安之術。亮輒拒塞。未與處畫。琦乃將亮游觀後園。共上高樓。飲宴之間。令人去梯。因謂亮曰。今日上不至天。下不至地。言出子口。入於吾耳。可以言未。亮答曰。君不見申生在內而危。重耳在外而安乎。琦意感悟。陰規出計。會黃祖死。得出。遂爲江夏太守。俄而表卒。琮聞曹公來征。遣使請降。先主在樊聞之。率其衆南行。亮與徐庶並從。爲曹公所追。破。獲庶母。庶辭先主而指其心曰。本欲與將軍共圖王霸之業者。以此方寸之地也。今已失老母。方寸亂矣。無益於事。請從此別。遂詣曹公。先主至於夏口。亮曰。事急矣。請奉命求救於孫將軍。時權擁軍在柴桑。觀望成敗。亮說權曰。海內大亂。將軍起兵。據有江東。劉豫州亦收衆漢南。與曹操並爭天下。今操芟夷大難。略已平矣。遂破荆州。威震四海。英雄無所用武。故豫州遁逃至此。將軍量力而處之。若能以吳越之衆。與中國抗衡。不如早與之絕。若不能當。何不按兵束甲。北面而事之。今將軍外託服從之名。而內懷猶豫之計。事急而不斷。禍至無日矣。權曰。苟如君言。劉豫州何不遂事之乎。亮曰。田橫齊之壯士耳。猶守義不辱。况劉豫州王室之胄。英才蓋世。衆士慕仰。若水之歸海。若事之不濟。此乃天也。安能復爲之下乎。權勃然曰。吾不能舉全吳之地。十萬之衆。受制於人。吾計決矣。非劉豫州莫可以當曹操者。然豫州新敗之後。安能抗此難乎。亮曰。豫州軍雖敗於長阪。今戰士還者。及關羽水軍精甲萬人。劉琦合江夏戰士。亦不下萬人。曹操之衆。遠來疲弊。聞追豫州。輕騎一日一夜行三百餘里。此所謂彊弩之末。勢不能穿魯縞者也。故兵法忌之。曰必蹶上將軍。且北方之人。不習水戰。又荆州之民附操者。偪兵勢耳。非心服也。今將軍誠能命猛將。統兵數萬。與豫州協規同力。破操軍必矣。操軍破。必北還。如此則荆吳之勢彊。鼎足之形成矣。成敗之機。在於今日。權大悅。卽遣周瑜程普魯肅等水軍三萬。隨亮詣先主。幷力拒曹公。曹公敗于赤壁。引軍歸鄴。先主遂收江南。以亮爲軍師中郎將。使督零陵桂陽長沙三郡。調其賦稅。以充軍實。建安十六年。益州牧劉璋遣法正迎先主。使擊張魯。亮與關羽鎭荆州。先主自葭萌還攻璋。亮與張飛趙雲等率衆泝江。分定郡縣。與先主共圍成都。成都平。以亮爲軍師將軍。署左將軍府事。先主外出。亮常鎭守成都。足食足兵。二十六年。羣下勸先主稱尊號。先主未許。亮說曰。昔吳漢耿弇等初勸世祖卽帝位。世祖辭讓。前後數四。耿純進言曰。天下英雄。喁喁冀有所望。如不從議者。士大夫各歸求主。無爲從公也。世祖感純言深至。遂然諾之。今曹氏篡漢。天下無主。大王劉氏苗族。紹世而起。今卽帝位。乃其宜也。士大夫隨大王久勤苦者。亦欲望尺寸之功。如純言耳。先主於是卽帝

位。策亮爲丞相曰。朕遭家不造。奉承大統。兢兢業業。不敢康寧。思靖百姓。懼未能綏。於戲。丞相亮其悉朕意。無怠輔朕之闕。助宣重光。以照明天下。君其勗哉。亮以丞相錄尚書事。假節。張飛卒後。領司隸校尉。章武三年春。先主於永安病篤。召亮於成都。屬以後事。謂亮曰。君才十倍曹丕。必能安國。終定大事。若嗣子可輔。輔之。如其不才。君可自取。亮涕泣曰。臣敢竭股肱之力。効忠貞之節。繼之以死。先主又爲詔勅後主曰。汝與丞相從事。事之如父。建興元年。封亮武鄉侯。開府治事。頃之。又領益州牧。政事無巨細。咸決於亮。南中諸郡。並皆叛亂。亮以新遭大喪。故未便加兵。且遣使聘吳。因結和親。遂爲與國。三年春。亮率衆南征。其秋悉平。軍資所出。國以富饒。乃治戎講武。以俟大舉。五年。率諸軍北駐漢中。臨發。上疏曰。先帝創業未半。而中道崩殂。今天下三分。益州疲弊。此誠危急存亡之秋也。然侍衞之臣。不懈於內。忠志之士。忘身於外者。蓋追先帝之殊遇。欲報之於陛下也。誠宜開張聖聽。以光先帝遺德。恢弘志士之氣。不宜妄自菲薄。引喻失義。以塞忠諫之路也。宮中府中。俱爲一體。陟罰臧否。不宜異同。若有作奸犯科。及爲忠善者。宜付有司。論其刑賞。以昭陛下平明之理。不宜偏私。使內外異法也。侍中侍郎郭攸之。費禕。董允等。此皆良實。志慮忠純。是以先帝簡拔。以遺陛下。愚以爲宮中之事。事無大小。悉以咨之。然後施行。必能裨補闕漏。有所廣益。將軍向寵。性行淑均。曉暢軍事。試用於昔日。先帝稱之曰能。是以衆議舉寵爲督。愚以爲營中之事。悉以咨之。必能使行陣和睦。

優劣得所。親賢臣。遠小人。此先漢所以興隆也。親小人。遠賢臣。此後漢所以傾頹也。先帝在時。每與臣論此事。未嘗不歎息痛恨於桓靈也。侍中尚書。長史參軍。此悉貞良死節之臣。願陛下親之信之。則漢室之隆。可計日而待也。臣本布衣。躬耕於南陽。苟全性命於亂世。不求聞達於諸侯。先帝不以臣卑鄙。猥自枉屈。三顧臣於草廬之中。諮臣以當世之事。由是感激。遂許先帝以驅馳。後值傾覆。受任於敗軍之際。奉命於危難之間。爾來二十有一年矣。先帝知臣謹慎。故臨崩寄臣以大事也。受命以來。夙夜憂勤。恐託付不效。以傷先帝之明。故五月渡瀘。深入不毛。今南方已定。兵甲已足。當獎率三軍。北定中原。庶竭駑鈍。攘除姦凶。興復漢室。還于舊都。此臣所以報先帝而忠陛下之職分也。至於斟酌損益。進盡忠言。則攸之禕允之任也。願陛下託臣以討賊興復之效。不效則治臣之罪。以告先帝之靈。責攸之禕允等之慢。以彰其咎。陛下亦宜自謀。以諮諏善道。察納雅言。深追先帝遺詔。臣不勝受恩感激。今當遠離。臨表涕零。不知所言。遂行屯于沔陽。六年春。揚聲由斜谷道取郿。使趙雲鄧芝爲疑軍據箕谷。魏大將軍曹眞舉衆拒之。亮身率諸軍攻祁山。戎陣整齊。賞罰肅而號令明。南安天水安定三郡。叛魏應亮。關中響震。魏明帝西鎭長安。命張郃拒亮。亮使馬謖督諸軍在前。與郃戰于街亭。謖違亮節度。舉動失宜。大爲郃所破。亮拔西縣千餘家。還于漢中。戮謖以謝衆。上疏曰。臣以弱才。叨竊非據。親秉旄鉞。以厲三軍。不能訓章明法。臨事而懼。至有街亭違命之闕。箕谷不戒之

失。咎皆在臣。授任無方。臣明不知人。恤事多闇。春秋責帥。臣職是當。請自貶三等。以督厥咎。於是以亮爲右將軍。行丞相事。所總統如前。冬。亮復出散關。圍陳倉。曹眞拒之。亮糧盡而還。魏將王雙率騎追亮。亮與戰。破之。斬雙。七年。亮遣陳式攻武都陰平。魏雍州刺史郭淮率衆欲擊式。亮自出至建威。淮退還。遂平二郡。詔策亮曰。街亭之役。咎由馬謖。而君引愆。深自貶抑。重違君意。聽順所守。前年燿師。馘斬王雙。今歲爰征。郭淮遁走。降集氐羌。興復二郡。威震凶暴。功勳顯然。方今天下騷擾。元惡未梟。君受大任。幹國之重。而久自挹損。非所以光揚洪烈矣。今復君丞相。君其勿辭。九年。亮復出祁山。以木牛運糧。盡退軍。與魏將張郃交戰。射殺郃。十二年春。亮悉大衆由斜谷出。以流馬運。據武功五丈原。與司馬宣王對於渭南。亮每患糧不繼。使己志不伸。是以分兵屯田。爲久住之基。耕者雜於渭濱居民之閒。而百姓安堵。軍無私焉。相持百餘日。其年八月。亮疾。病卒于軍。時年五十四。及軍退。宣王案行其營壘處所。曰。天下奇才也。亮遺命葬漢中定軍山。因山爲墳。冢足容棺。斂以時服。不須器物。詔策曰。惟君體資文武。明叡篤誠。受遺託孤。匡輔朕躬。繼絕興微。志存靖亂。爰整六師。無歲不征。神武赫然。威震八荒。將建殊功於季漢。參伊周之巨勳。如何不弔。事臨垂克。遘疾隕喪。朕用傷悼。肝心若裂。夫崇德序功。紀行命謚。所以光昭將來。刊載不朽。今使使持節左中郎將杜瓊。贈君丞相武鄉侯印綬。謚君爲忠武侯。魂而有靈。嘉茲寵榮。嗚呼哀哉。嗚呼哀哉。初亮自表後主曰。成都有桑八百株。薄田十五頃。子弟衣食。自有餘饒。至於臣在外任。無別調度。隨身衣食。悉仰於官。不別治生。以長尺寸。若臣死之日。不使內有餘帛。外有贏財。以負陛下。及卒。如其所言。亮性長於巧思。損益連弩。木牛流馬。皆出其意。推演兵法。作八陣圖。咸得其要云。亮言教書奏。多可觀。別爲一集。景耀六年春。詔爲亮立廟於沔陽。秋。魏鎮西將軍鍾會征蜀。至漢川。祭亮之廟。令軍士不得於亮墓所左右芻牧樵採。亮弟均。官至長水校尉。亮子瞻嗣爵。

評曰。諸葛亮之爲相國也。撫百姓。示儀軌。約官職。從權制。開誠心。布公道。盡忠益時者。雖讎必賞。犯法怠慢者。雖親必罰。服罪輸情者。雖重必釋。游辭巧飾者。雖輕必戮。善無微而不賞。惡無纖而不貶。庶事精練。物理其本。循名責實。虛僞不齒。終於邦域之內。咸畏而愛之。刑政雖峻而無怨者。以其用心平而勸戒明也。可謂識治之良才。管蕭之亞匹矣。然連年動衆。未能成功。蓋應變將略。非其所長歟。（蜀志諸葛亮傳）

陸宣公像

夏貞林敬摹

陸贄傳

陸贄字敬輿。蘇州嘉興人。十八第進士。中博學宏辭。調鄭尉。罷歸。壽州刺史張鎰有重名。贄往見語三日。奇之請爲忘年交。既行餉錢百萬。曰。請爲母夫人一日費。贄不納。止受茶一串。曰。敢不承公之賜。以書判拔萃。補渭南尉。德宗立。遣黜陟使庾何等十一人行天下。贄說使者。請以五術省風俗。八計聽吏治。三科登雋乂。四賦經財實。六德保罷瘵。五要簡官事。五術曰。聽謠誦審其哀樂。納市賈觀其好惡。訊簿書考其爭訟。覽車服等其儉奢。省作業察其趣舍。八計曰。視戶口豐耗以稽撫字。視墾田贏縮以稽本末。視賦役薄厚以稽廉冒。視案籍煩簡以稽聽斷。視囚繫盈虛以稽決滯。視姦盜有無以稽禁禦。視選舉衆寡以稽風化。視學校興廢以稽敎導。三科曰。茂異。賢良。幹蠱。四賦曰。閱稼以奠稅。度產以衰征。料丁壯以計庸。占商賈以均利。六德曰。敬老。慈幼。救疾。恤孤。賑貧窮。任失業。五要曰。廢兵之冗食。蠲法之撓人。省官之不急。去物之無用。罷事之非要。時皆韙其言。遷監察御史。帝在東宮。已聞其名矣。召爲翰林學士。會馬燧討賊河北。久不決。請濟師。李希烈寇襄城。詔問策安出。贄言勞於服遠。莫若脩近。多方以救失。莫若改行。今幽燕恆魏之勢緩而禍輕。汝洛滎汴之勢急而禍重。田悅覆敗之餘。無復遠略。王武俊有勇無謀。朱滔多疑少決。互相制劫。急則合力。退則背憎。不能有越軼之患。此謂緩也。希烈果於奔噬。忍於傷殘。据

蔡許富全之地。而益以鄧襄虜獲之實。東寇則饟道阻。北竊則都邑震。此謂急也。代朔邠靈。自昔之精騎。上黨盟津。今之選師。舉而委之山東。將多而勢分。兵廣而財屈。則屯戍失於太繁也。李勉文吏也。而當汴必爭地。哥舒曜之衆。烏合也。扞襄城方銳之賊。本非素習。首鼠莫前。則守禦失於不足也。今若還李芃河陽以援東都。李懷光解襄城之圍。專以太原澤潞兵抗山東。則梁宋安。又言。立國之權。在審輕重。本大而末小。所以能固。故治天下者。若身使臂。臂使指。小大適稱。而不悖。王畿者。四方之本也。京邑者。王畿之本也。其勢當京邑如身。王畿如臂。而四方如指。此天子大權也。是以前世轉天下租稅。徙郡縣豪傑以實京師。太宗列置府兵八百所。而關中五百。舉天下不敵關中。則居重馭輕之意也。方世承平久。武備微。故祿山乘外重之勢。一舉而覆兩京。然猶諸牧有馬。州縣有糧。肅宗得以中興。乾元後。外虞踵發。悉師東討。故吐蕃乘虛。而先帝莫與爲禦。是失馭輕之權也。既自陜還。懲艾前事。稍益禁衛。故關中有朔方涇原隴右之兵。以捍西戎。河東有太原之兵。以制北虜。今朔方太原衆已屯山東。而神策六軍。悉戍關外。將不能盡敵。則請濟師。陛下爲之輟邊軍。缺環衛。竭內廄之馬。武庫之兵。占將家子以益師。賦私畜以增騎。又告乏財。則爲算室廬。貸商人。設諸榷之科。日日以甚。萬有一如朱滔李希烈負固邊壘。竊發都甸者。何以備之。夫關中王業根本在焉。豪傑之在關中者。與籍於營衛不殊。車乘之在關中者。與列於廄牧不殊。財用之在關中者。與貯於帑藏不殊。一

朝有急可取也。陛下幸聽臣計。使芃還軍援洛。懷光救襄城。希烈必走。請神策及將家子占而東者追還之。凡京師稅間架。榷酒。抽貫。貸商。點召之令。一切停之。則端本整棼之術。帝不納。後涇師急變。贄言皆效。從狩奉天。機務填總。遠近調發。奏請報下。書詔日數百。贄初若不經思。逮成皆周盡事情。衍繹孰復。人人可曉。旁吏承寫不給。它學士筆閣不得下。而贄沛然有餘。始帝倉卒變故。每自剋責。贄曰。陛下引咎。堯舜意也。然致寇者。乃羣臣罪。贄意指盧杞等。帝護杞。因曰。卿不忍歸過朕。有是言哉。然自古興衰其亦有天命乎。今之厄運。恐不在人也。贄退而上書曰。自安史之亂。朝廷因循涵養。而諸方自擅壤地。未嘗會朝。陛下將一區宇。乃命將興師以討四方。一人征行。十室資奉。居者疲饋轉行者苦鋒鏑。去留騷然。而閭里不寧矣。聚兵日衆。供費日博。常賦不給。乃議蹙限而加斂焉。加斂既殫。乃別配之。別配不足。於是榷算之科設。率貸之法興。禁防滋章。吏不堪命。農桑廢于追呼。膏血竭于笞捶。兆庶嗷然。而郡邑不寧矣。邊陲之戍。以保封疆。禁衛之旅。以備巡警。邦之大防也。陛下悉而東征。邊備空屈。又搜私牧。責將家以出兵籍馬。夫私牧者。元勳貴戚之門也。將家者。統帥岳牧之後也。其復除征徭舊矣。今奪其畜牧。事其子孫。丐假以給資裝。破產以營卒乘。元臣貴位。孰不解體。方且稅侯王之廬。算裨販之緡。貴不見優。近不見異。羣情囂然。而關畿不寧矣。陛下又謂百度弛廢。則持義以掩恩。任法以成治。斷失於太速。察傷於太精。斷速則寡恕于人。而疑似不容辨也。察精則

多猜于物。而億度未必然也。寡恕而下懼禍。故反側之釁生。多猜而下防嫌。故苟且之患作。由是叛亂繼產。怨讟並興。非常之虞。惟人主獨不聞。凶卒鼓行。白晝犯闕。重門無結草之禦。環衛無誰何之人。陛下雖有股肱之臣。耳目之佐。見危不能竭誠。臨難不能效死。是則羣臣之罪也。陛下方以興衰諉之天命亦過矣。書曰。天視自我民視。天聽自我民聽。則天所視聽。皆因于人。非人事外。自有天命也。紂之辭曰。我生不有命在天。此捨人事推天命。必不可之理也。易曰。自天祐之。仲尼以謂祐者助也。天之所助者順也。人之所助者信也。履信思于順。是以祐之。易論天人祐助之際。必先履行。而吉凶之報象焉。此天命在人。蓋昭昭矣。人事治而天降亂。未之有也。人事亂而天降康。亦未之有也。尙恐有可疑者。請以近事信之。自比兵興。物力耗竭。人心驚疑。如風濤然。洶洶靡定。族謀聚議。謂必有變。則京師之人。固非悉通占術。曉天命也。則致寇之由。豈運當然。夫治或生亂。亂或資治。有以無難而亡。多難而興。治或生亂者。恃治而不修也。亂或資治者。遭亂而能治也。無難而失者。忽萬幾之重而忘憂畏也。多難而興者。涉庶事之艱而知勑愼也。今生亂失序之事。不可追矣。其資治興邦之業。在刻勵而謹修之。當至危之機。得其道則興。失則廢。其間不容復有所悔也。惟勤思而熟計之。捨己以從衆。違欲以遵道。遠憸佞。親忠直。推至誠。去逆詐。斯道甚易知。甚易行。不耗神。不劬力。第約之於心耳。何憂乎亂人。何畏乎厄運。何患乎不寧哉。帝又問贄事切於今者。贄勸帝羣臣參日。使極言得失。若以軍務對者。見不以時。聽納無倦。兼天下之智。以爲聰明。帝曰。朕豈不推誠。然顧上封者。惟譏斥人短長。類非忠直。往謂君臣一體。故推信不疑。至憸人賣爲威福。今茲之禍。推誠之敝也。又諫者不密。要須歸曲於朕。以自取名。朕嗣位見言事多矣。大抵雷同道聽。加質則窮。故頃不詔次對。豈曰倦哉。贄因是極諫曰。昔人有因噎而廢食者。又有懼溺而自沈者。其爲防患不亦過哉。願陛下鑒之。毋以小虞而妨大道也。臣聞人之所助在信。信之所本在誠。一不誠。心莫之保。一不信。言莫之行。故聖人重焉。傳曰。誠者。物之終始。不誠無物。物者。事也。言不誠。卽無所事矣。匹夫不誠。無復有事。況王者賴人之誠以自固。而可不誠於人乎。陛下所謂誠信以致害者。臣竊非之。孔子曰。可與言而不與之言失人。不可與言而與之言失言。智者不失人。亦不失言。陛下可審其言而不可不信。可愼其所與而不可不誠。所謂民者至愚而神。夫蚩蚩之倫。或昏或鄙。此似於愚也。然上之得失靡不辨。好惡靡不知。所祕靡不傳。所爲靡不效。馭以智則詐。示以疑則偸。接不以禮。則其徇義輕。撫不以情。則其效忠薄。上行則下從之。上施則下報之。若影附形。若響應聲。故曰。惟天下至誠爲能盡其性。不盡於己而責盡於人。不誠於前而望誠於後。必紿而不信矣。今方鎭有不誠於國。陛下興師伐之。臣有不信於上。陛下下令誅之。有司奉命而不敢赦者。以陛下所有。責彼所無也。故誠與信不可斯須去己。願陛下愼守而力行之。恐非所以爲悔也。傳曰。人誰無過。過而能改。善莫大焉。仲虺歌成湯之德曰。

改過不吝。吉甫美宣王之功曰。袞職有闕。仲山甫補之。夫成湯。聖君也。仲虺。聖輔也。以聖輔贊聖君。不稱其無過。稱其改過。周宣。中興賢王也。吉甫。文武賢臣也。歌誦其主。不美其無闕。而美其補闕。則聖賢之意。貴於改過較然甚明。蓋過差者。上智下愚所不免。惟智者能改而之善。愚者恥而知非也。中古以降。其臣尙諛。其君亦自聖。掩盛德行小道。乃有入則造膝。出則詭辭。姦由此滋。善由此沮。天子意由此惑。爭臣罪由此生。媚道行而害斯甚矣。太宗有文武仁義之德。治致太平之功。可謂盛矣。然而人到于今。以從諫改過爲稱首。是知諫而能從。過而能改。帝王之大烈也。陛下謂諫官論事。引善自予。歸過於上者。信非其美。然於盛德未有虧焉。納而不違。傳之適足增美。拒而違之。又安能禁之勿傳。不宜以此梗進言之路也。聖人不忽細微。不侮鰥寡。參言無驗不必用。質言當理不必違。遜於志不必然。逆於心不必否。異於人不必是。同於衆不必非。辭拙而效迂者不必愚。言甘而利重者不必智。考之以實。惟善所在。則可以盡天下之心矣。夫人情蔽於所信。沮於所疑。忽於所輕。溺於所欲。信偏則聽言不盡其實。故有過當之言。疑甚則雖實不聽其言。故有失實之聽。輕其人則遺可重之事。欲其事則存可棄之人。苟縱所私。不考其實。則是失天下之心矣。故常情之所輕。聖人之所重。不必慕高而好異也。陛下又以雷同道說。加質則窮。臣謂陛下雖窮其辭。而未窮其理。能服其口。而未服其心。且下之情。莫不願達於上。上之情。莫不求知於下。然而下常苦上之難達。上常苦下之難知。若是者何。九弊不去也。所謂九弊者。上有六。下有三。好勝人。恥聞過。騁辯給。衒聰明。厲威嚴。恣彊愎。上之弊也。諂諛。顧望。畏懦。下之弊也。好勝而恥過。必甘佞辭。忌直言。則諂諛者進。而忠實之語不聞矣。騁辯而衒明。必折人以言。虞人以詐。則顧望者自便。而切摩之益不盡矣。厲威而恣愎。必不能降情接物。引咎在己。則畏懦者至。而情理之說不申矣。人之難知。堯舜所病。胡可以一酬一詰。而謂盡其能哉。夫欲治天下而不務得人心。則固不治矣。務得人心而不勤接下。則心固不得矣。務接下而不辨君子小人。則下固不可接矣。務辨君子小人而惡直嗜諛。則君子小人固不可辨矣。趨和求媚。人之甚利存焉。犯顏冒禍。人之甚害存焉。居上者易其言。而以美利利之。猶懼忠告之不暨。況疏隔而猜忌者乎。是時賊未平。帝欲明年遂改元。而術家爭言數鍾百六。宜有所變。示天下復始。帝乃議更益大號。贄曰。今乘輿播越。大憝未去。此人情向背。天意去就之際。陛下宜痛自貶勵。不宜益美名以累謙德。帝曰。卿言固善。然要當小有變革。爲朕計之。贄奏言。古之人君。德合於天曰皇。合於地曰帝。合於人曰王。父天母地。以養人治物。得其宜者曰天子。皆大名也。三代而上。所稱象其德。不敢有加焉。至秦乃兼曰皇帝。流及後世。昏僻之君。始有聖劉天元之號。故人主重輕。不在稱謂。視德何如耳。若以時屯。當有變革。不若引咎降名。以祗天戒。且矯舊失。至明也。損虛飾。大知也。寧與加冗號以受實患哉。帝從之。會輿元赦令方具。帝以稾付贄。使商討其辭。贄知帝執德不固。困則思治。泰則

易驕。欲激之使彊其意。卽建言履非常之危者。不可以常道安。解非常之紛者。不可以常令諭。陛下窮用兵甲。竭取財賦。變生京師。盜據宮闈。今假王者四凶。僭帝者二豎。其他顧瞻懷貳。不可悉數。而欲紓多難。收羣心。惟在赦令而已。動人以言。所感已淺。言又不切。人誰肯懷。故誠不至者物不感。損不極者益不臻。夫悔過不得不深。引咎不得不盡。招延不可不廣。潤澤不可不弘。使天下聞之。廓然一變。人人得其所欲。安有不服哉。其須改革科條。已別封上。臣聞知過非難。改之難。言善非難。行之難。易曰。聖人感人心而天下和平。夫感者。誠發於心。而形於事。事或未諭。故宣之於言。言必顧心。心必副事。三者相合。乃可求感。惟陛下先斷厥志。以施其辭。度可行者而宣之。不可者措之。無苟於言以重取悔。帝納之。始帝播遷。府藏委棄。衞兵無褚衣。至是天下貢奉稍至。乃於行在夾廡署瓊林大盈二庫。別藏貢物。贄諫以爲瓊林大盈。於古無傳。舊老皆言開元時貴臣。飾巧以求媚。建言郡邑賦稅。當委有司。以制經用。其貢獻悉歸天子私有之。蕩心侈欲。亦終以餌寇。今師旅方殷。瘡痛呻吟之聲未息。遽以珍貢私別庫。恐羣下有所觖望。請悉出以賜有功。令後納貢必歸之有司。先給軍賞。瓌怪纖麗。無得以供。是乃散小儲。成大儲。捐小寶。固大寶也。帝悟。卽撤其署。李懷光有異志。欲怒其軍使叛。卽上言兵稟薄與神策不等。難以戰。李晟密言其變。因請移屯。帝遣贄見懷光議事。贄還奏。懷光寇犇不追。師老不用。羣帥欲進。輒沮止其謀。此必反。宜有以制之。因勸帝許晟移軍。初贄與懷光語及晟。懷光妄詆曰。吾無所藉晟。贄卽美其彊雄。使不得飜覆。至是請下詔書如其意者。且無辭歸短於朝。又建遣李建徽陽惠元與晟幷屯東渭橋。託言晟兵寡。不足支賊。俾爲掎角。懷光雖不欲遣。且辭窮。無以沮解。帝猶豫曰。晟移屯。懷光固怏怏。若又遣建徽等俱東。彼且爲辭。少須之。晟已徙營。不閱旬。懷光果奪兩節度兵。建徽挺身免。惠元死之。行在震驚。遂徙幸梁道。有獻瓜果者。帝嘉其意。欲授以試官。贄曰。爵位。天下公器。不可輕也。帝曰。試官虛名。且已與宰相議矣。卿其無嫌。贄奏信賞必罰。霸王之資也。輕爵褻刑。衰亂之漸也。非功而獲爵則輕。非罪而肆刑則褻。天寶之季。嬖幸傾國。爵以情授。賞以寵加，綱紀始壞矣。羯胡乘之。遂亂中夏。財賦不足以供賜。而職官之賞興焉。職員不足以容功。而散試之號行焉。今所病者。爵輕也。設法貴之。猶恐不重。若又自棄。將何勸焉。陛下謂試官爲虛名。豈思之未熟邪。夫立國惟義與權。誘人惟名與利。名近虛。於教爲重。利近實。於德爲輕。凡所以裁是非。立法制。則存乎其義。參虛實。揣輕重。則存乎其權。專實利而不濟之以虛。則物有匱耗而不給矣。專虛名而不副之以實。則情有誕謾而不趨矣。故錫貨財。列稟秩。以彰實也。差品列。異服章。以飾虛也。居上者達其變。相須以爲表裏。則爲國之權得矣。按甲令。有職事官。有散官。有勳官。有爵號。其賦事受奉者。惟職事一官，以敍才能。以位勳德。所謂施實利而寓虛名也。勳散爵號止於服色。資蔭以馭崇貴。以甄功勞。所謂假虛名佐實利者也。今員外試官與勳散爵號同。然而突銛鋒。排

禍難者。以是酬之。可謂重矣。今獻瓜一器。果一盛。則受之。彼忘軀命者。有以相謂矣。曰。吾之軀命。乃同瓜果。瓜果草木也。若草木然。人何勸哉。夫田父野人。必欲得其歡心。厚賜之可也。俄以勞還諫議大夫。仍爲學士。時鳳翔節度使李楚琳殺張鎰得位。雖數貢奉。議者頗言其挾兩端。有所狙伺然。帝亦不能容。其使至。皆不得召。欲以渾瑊代之。贄諫曰。楚琳之罪舊矣。今議者乃始紛紜。不亦晚哉。且勤王之師。在畿內者。急宣亟告。晷刻不可差。商嶺既回遠。而駱谷又爲賊所扼。通王命者。唯褒斜爾。若復阻。則諸鎮之向背者。我勝則來。賊勝遂往。此焉幾會不容差跌。使楚琳遑憾。敢爲猖狂。南塞要衝。東與賊合。則我咽喉梗而心膂分矣。豈不病哉。今顧望兩端。是乃天誘其衷。通歸塗濟大業也。帝釋然。盡召見其使。優詔勞安之。帝欲以內外從官。普號定難元從功臣。贄曰。宮官具寮。恪居奔走。勞則有之。何功之云。難則嘗之。何定之云。今與奮命者齒。恐沮戰士之心。結勳臣之憤。帝乃止。京師已平。帝欲召渾瑊訪奔亡內人。給裝使赴行在。贄諫曰。大難始平。而百役疲瘵之甿。重傷殘廢之卒。皆忍死扶疾。想聞德音。蓋事有先後。義有輕重。重者宜先。輕者宜後。昔武王克殷。有未下車而爲之者。有下車而爲之者。當今所務。謂宜以大臣馳傳。迎復神主。脩飭郊丘。展禋享之禮。申告謝之意。恤死義。犒有功。崇進忠直。優問耆耄。定反側。寬脅從。官失職。復廢業。是皆宜先不可後也。葺宮室。治服玩。耳目之娛。巾櫛之侍。是皆宜後不可先也。且內人當離潰之後。或爲將士所私。昔人掩絕纓飲盜馬者。豈忘其愛邪。知爲君之體然也。天下固多褻人。何必獨此。帝不復下詔。猶遣使諭瑊資遣。初劉從一姜公輔等。材下不逮贄遠甚。徒以單言暫謀。偶有合。由下位建台宰。而贄孤立一意。爲左右權倖沮短。又言事無所回諱。陰失帝意。久之不得宰相。還京。但爲中書舍人。母韋。猶在江東。帝遣中人迎還京師。俄以喪解官。客東都。諸方賻遺一不取。惟韋皋以布衣交先以聞。故所致輒稱詔受之。又詔中人護父柩至自吳。會葬洛陽。服除。以權知兵部侍郎。復召爲學士。入謝。伏地鯁泣。帝爲興改容慰撫。眷遇彌渥。天下屬以爲相。而竇參素不平。忌之。贄亦數言參罪失。貞元七年。罷學士。以兵部侍郎知貢舉。明年。參黜。乃以中書侍郎同中書門下平章事。帝始任楊炎盧杞。引樹私黨。排忠良。天下怨疾。貞元後。懲艾其失。雖置宰相。至除用庶官。反覆參詰。乃得下。及贄秉政。始請臺閣長官。得自薦其屬。有不職坐舉者。帝初許之。或言諸司所引皆親黨。招賂遺。無實才。帝復詔宰相自擇。贄奏言。齊桓公問管仲害霸。對曰。得賢不能任。害霸也。任賢不能固。害霸也。固始而不終。害霸也。與賢人謀事。而小人議之。害霸也。所謂小人者。非悉懷險詖以覆邦家也。蓋趨向狹促。以沮議爲出衆。自異爲不羣。趣小利。昧遠圖。效小信。傷大道爾。所謂臺省長官。僕射尚書丞郎御史大夫中丞是也。陛下擇輔相。多出其中。行實不能頓殊也。今乃謂不能進一二屬吏。豈後位宰相則可擇天下材乎。夫求才者貴廣。考課者貴精。往武后收人心。務拔擢。非徒人得薦士。亦許自舉其才。豈不易哉。然而課責嚴。進退

速故當世稱知人之明。累朝賴多士之用。陛下賞鑒獨任。難於公舉。有登延之路。無練覈之方。武后以易得人。陛下以精失士。今擇宰相以重於庶品。選長官以愈於下流。及宰相獻言長吏薦士。則又納橫議。廢始謀。是任以重者輕其言。待以輕者重其事也。帝雖嘉之。然卒停薦士詔。舊制吏部選以歲集。乾元後。天下兵興。率三年一調。吏員稽壅。則案牒叢猾。僞冒蒙眞。吏緣以爲姦。廢置無綱。至十年不被調者。缺員或累歲不補。贄乃請以內外員三分之。每歲計闕集人。檢梲吏姦。天下便之。當是時賈耽盧邁趙憬同輔政。凡有司關白。三人者更相顧。不肯判。贄又請如故事。旬一人秉筆。所咨輒判。又以西北邊歲調河南江淮兵。謂之防秋。士不素練。戰數敗。將統制不一。亡以應敵。乃上陳其弊曰。自祿山構亂。肅宗始撤邊備。以靖中邦。借外威。寧內難。於是吐蕃乘釁。回紇矜功。中國不振四十餘年。率傷耗之民。竭力以事。西輸賄繒。北償馬資。尚不足滿其意。於是調斂四方。以屯疆陲。又不能遏其侵。故小入則驅略。深入則戒嚴。于時議安邊者。皆務所難。忽所易。勉所短。略所長。行之而要不精。圖之而功靡就。夫勢有難易。事有先後。力大而敵脆。則先所難。是謂奪人之心也。力寡而敵堅。則先所易。是謂觀釁而動也。今財匱於中。人勞未瘳。而欲發師。徒以犯獵寇境。復其侵疆。攻其堅城。前有勝負未必之虞。後有餽運不繼之患。萬一橈敗。適所以啓戎心。挫國威也。以此安邊。可謂不量勢而務所難矣。天之授有分。地之產有宜。是五方之俗。長短各殊。勉所短而敵長者殆。用所長而乘短

者彊。且以水草爲居。討獵爲生。便於馳突。不恥敗亡。此戎狄所長。中國之短也。而欲益兵蒐乘。爭驅角力。交鋒原野之上。決命尋常之間。以此禦寇。可謂勉所短而校其長矣。務所難。勉所短。勞費百倍。終無成功。雖果成之。不挫則廢。誠以越天授。違地產。虧時勢。以反物宜者也。胡不守所易。用所長乎。若乃擇將吏。脩紀律。訓齊師徒。耀德以佐威。能邇以示遐。禁侵暴以彰吾信。抑攻取以昭吾仁。彼求和則善之而勿與盟。彼爲寇則備之而不報復。此當今所易也。賤力貴智。好生惡殺。輕利重人。忍小全大。安其居而動。俟其時後行。脩封疆。守要害。蹊塹隧。列屯營。謹禁防。明斥候。務農足食。非萬全不謀。非百克不鬬。寇小至則遏其入。寇大至則邀其歸。據險以乘之。多方以誤之。使其勇無所加。衆無所用。掠則靡獲。攻則不能。進有腹背支敵之虞。退有首尾不相救之患。是謂乘其弊。不戰而屈人兵。此中國之長也。我之所長。戎狄之短也。我之所易。戎狄之難也。以長制短。則用力寡而見功多。以易敵難。則財不匱而事速成。捨此不務。而反爲所乘。斯謂倒持戈矛以鐏授寇者也。今皆務之矣。尚且守封未固。寇戎未懲者何邪。病在謀無定用。衆無適從。任者不必才。才者不必任。聞不必實。實不必聞。所信不必誠。所誠不必信。行不必當。當不必行。又有六失焉。夫兵有攻討。有鎮守。權以紓難。暫以應機。事有便宜。謀有奇詭。不恤常制。不徇衆情。死生進退。唯將所命。攻討之兵也。人情者。利焉則勸。習焉則安。保親戚而後樂生。顧家業而後忘死。可以治術馭。不可以法制驅。鎮守之兵也。王者欲備

封疆禦戎狄。則選鎮守之兵以置之。古之善選置者。必辨其土宜。察其技能。知其好惡。用其力不違其性。齊其俗不易其宜。引其善不責其所不能。禁其非不處其所不欲。類其部伍。安其家室。然後能使之樂其居。定其志。以惠則感而不驕。以威則肅而不怨。靡督課而自用。弛禁防而不攜。故守則固。戰則彊。其術無它。便於人而已。今遠調屯士以戍邊陲。邀所不能。彊所不欲。廣其數不考於用。責其力不察其情。斯可爲羽衛之儀。而無益備禦之實也。何者。窮邊之地。千里蕭條。寒風裂膚。豺狼爲隣。晝則荷戈以排。夜則倚烽以覘。有剽害之慮。無休暇之娛。非生其域。習其風。幼而視焉。長而安焉。則不能寧居而狎其敵也。關東百物阜殷。士忲溫飽。比諸邊隅。不翅天地。聞絕塞荒陬。則辛酸動容。聆彊蕃勁虜。則懾駭褫情。又使去親族。捨園廬。甘所辛酸。抗所懾駭。將冀爲用。不亦疏乎。又有休代之期。無統制之善。資奉姑息。譬如驕子。進不邀以成功。退不處以嚴憲。屈指計歸。張頤待飼。師一挫傷。則乘其危橈。布路東潰。平居殫資儲以奉浮冗。臨難棄城鎮以搖疆埸。其弊豈特無益哉。謫徙之人。本以增戶實邊。立功自贖。既無良之人。而思亂幸災。又甚於戍卒。適有防衞之煩。而無立功之益。雖前代行之。固非可遵者也。帥臣身不臨邊。而以偏師戍守。大抵士之犀銳。悉選以自奉。委疲羸者以守要衝。寇至而不支。則劫執芟蹂。恣所欲得。比都府聞之。虜已旋返。治兵若此。斯可謂措置乖方。一失也。賞以存勸。罰以示懲。以懋有庸。以威不恪。故賞罰之於馭衆。譬輗軏所以行車。銜勒所以服馬

也。今將之號令不能行之軍。國之典刑不能施之將。上下遵養以苟歲時。欲褒一有功。慮無功者怨。嫌疑而不賞。欲責一有罪。畏同惡者悚。隱忍而不誅。故忘身效節者抵譏於衆。僨軍緩救者畜姦不畏。褒貶稱毀。紛然相亂。公者直己。不求諸人則罹困厄。姦者行私。苟媚於衆則取優崇。此義士勇夫所以痛心解體也。又如遇敵而守不固。陳謀而功不成。責將帥。將帥曰資糧不足。責有司。有司曰須給無乏。更相爲解。而朝廷含糊未嘗究詰。故抱直者吞聲。罔上者不慙。馭衆若此。可謂課責虧度。二失也。以課責之虧。措置之乖。將不得竭其才。卒不得盡其力。屯集雖衆。無施戰陣。虜常橫行。以謂境無人焉。吏習爲常。惟曰兵少不敵。朝廷莫之省。則又調發益師。無裨於備禦。而有弊於供億。閭井日耗。斂求日繁。傾家析產。榷鹽稅酒。無慮所入。半以事邊。制用若此。可謂財匱於兵衆矣。三失也。今四夷最彊盛者。莫如吐蕃。舉吐蕃衆。未當中國十數大郡。而內虞外備。與中國不殊。所以能寇邊者無幾。又器不犀利。甲不精完。材不趫敏。動則中國懃其衆不敢抗。靜則憚其彊不敢侵。何哉。良以我之節制多。而彼之統帥一也。且節制多則人心不一。人心不一。則號令不行。號令不行。則進退難必。進退難必。則疾徐失宜。疾徐失宜。則機會不及。機會不及。則氣勢自衰。斯乃勇廢爲庇。衆失爲弱。開元天寶時。制西北二蕃。則朔方河西隴右三節度而已。尙慮權分。或詔兼領之。中與未遑外討。則僑四鎭。隸安定。以隴右附扶風。所當二蕃。則朔方涇原隴右河東四節度而已。以關東戍卒屬之。雖任未

得人。而措置之法存焉。自賊泚亂以誘涇原。懷光反以汙朔方。則分朔方爲三節度。其鎮軍且四十。皆特詔任之。各有中人監軍。咸得相抗。既無軍法臨下。莫能稟屬。邊書告急。方使關白用兵。是謂從容拯溺。揖讓救焚矣。兵以氣若勢爲用者也。氣聚則盛。散則消。勢合則威。析則弱。今之邊戍。勢弱氣消。建軍若此。可謂力分於將多矣。四失也。治戎之要。在均齊而已。故軍法無貴賤之差。多少之異。所以同其志。盡其力也。被邊長鎮之兵。皆百戰傷夷。角所能則習。度所處則危。考服役則勞。察臨敵則勇。然衣稟止於當身。又爲家室所分。居常凍餒。而關東戍士。歲月更代。怯於應敵。懈於服勞。然衣稟優厚。繼以茶藥。資以蔬醬。豐寡相縣。勢則遠甚。又有以邊軍詭爲奏請。遙隸神策者。稟賜之饒。有三倍之益。此士類所以忿恨。經費所以褊匱。夫事業未異。給養頓殊。人情所不甘也。不爲戎首。已可嘉者。況使協力同心。以攘寇難。臣知有所不能焉。養士若此。可謂怨生於不均矣。五失也。凡任將帥。必先考察行能。然後指所授之方。所委之要。令自揣可否。以見要領。須某甲兵。藉某參屬。用若干步騎。計若干資糧。何所列屯。何時成功。覈其言。校其實。若曰不足取。當辭之於初。不宜詬悔於後也。若曰可任。則當要之於終。不宜掣肘於內也。故疑者不使。使者不疑。勞神於拔選。端拱於委任。然後覈否臧。信賞罰。受賞者不爲濫。當罰者不敢辭。付授專則苟且之心息矣。是以古之遣將者。君推轂而命之。又賜鈇鉞。故軍容不入國。國容不入軍。機宜不以遠決。號令不以兩從。今陛下命帥。先求易制者。多其部使力分。輕其任使心弱。由是分閫責成之義廢。死綏任咎之志衰。一則聽命。二則聽命。止取承順可矣。若有意乎靖難則不可。兩疆相接。兩軍相持。事機所急。鋒不留息。況千里之遠。九重之深。陳述之難明。聽覽之不專。欲事無遺策。雖聖亦有所不能焉。守城者以寡不敢抗。分鎮者以無詔不敢救。逗遛之頃。寇已奔逼。牧馬屯牛。鞠椎剽矣。嗇夫樵婦。罄俘囚矣。假令詔至發兵。更相顧望。莫敢遮礙。敗者減百爲一。獲者衍百爲千。帥守以總制在朝。不卹於罪。陛下以權出己。不究厥情。用帥若此。可謂機失於遙制矣。六失也。臣愚謂宜罷四方之防秋者。以其數析而三之。其一責本道節度。募壯士願屯邊者徙焉。其一則第以本道衣稟。責關內河東募用蕃夏子弟願傳軍者給焉。其一以所輸資糧給應募者。以安其業。詔度支市牛。召工就諸屯繕完器具。至者家給牛一。耕耨水火之器畢具。一歲給二口糧。賜種子。勸之播蒔。須一年。則使自給。有餘粟者。縣官倍價以售。既息調發之煩。又無幸免之弊。出則人自爲戰。處則家自爲耕。與夫暫屯遽罷。豈同日論哉。然後建文武大臣一人爲隴右元帥。自涇隴鳳翔薄長武城。盡山南西道。凡節度府之兵皆屬焉。又詔一人爲朔方元帥。由鄜坊邠寧。挾靈夏。凡節度府之兵屬焉。又詔一人爲河東元帥。舉河東。極振武節度府之兵屬焉。各以臨邊要州爲治所。所部州若府。遴柬良吏爲刺史。外奉軍興。內課農桑。愼守中國所長。謹行當今所易。則八利可致。六失可去矣。帝愛重其言。不從也。班宏判度支。卒官。贄薦李巽。帝浸許之。而自用裴

延齡。贄言延齡僻戾躁妄不可用。不聽。俄而延齡姦佞得君。天下仇惡。無敢言。贄上書苦諫。帝不懌。竟以太子賓客罷。贄本畏愼。未嘗通賓客。延齡揣帝意薄讒短百緒。帝遂發怒。欲誅贄。賴陽城等交章論辯。乃貶忠州別駕。後稍思之。會薛延爲刺史。諭旨慰勞。韋皐數上表請贄代領劍南。帝猶銜之不肯與。順宗立。召還。詔未至。卒。年五十二。贈兵部尚書。謚曰宣。始贄入翰林。年尚少。以材幸。天子常以輩行呼而不名。在奉天。朝夕進見。然小心精潔。未嘗有過。由是帝親倚。至解衣衣之。同類莫敢望。雖外有宰相主大議。而贄常居中參裁可否。時號內相。嘗爲帝言。今盜徧天下。宜痛自咎悔。以感人心。昔成湯罪己以興。楚昭王出奔。以一言善復國。陛下誠不吝改過。以言謝天下。使臣持筆亡所忌。庶叛者革心。帝從之。故奉天所下制書。雖武人悍卒。無不感動流涕。後李抱眞入朝爲帝言。陛下在奉天山南時。赦令至山東。士卒聞者皆感泣思奮。臣是時知賊不足平。議者謂興元戡難功。雖爪牙宣力。蓋贄有助爲。狩山南也。道險澀。與從官相失。夜召贄不得。帝驚且泣。詔軍中得贄者賞千金。久之上謁。帝喜見顏開。自太子以下皆賀。及輔政。不敢自顧重事。有可否必言之。所言皆剴拂帝短。懇到深切。或規其太過者。對曰。吾上不負天子。下不負所學。皇它卹乎。既放荒遠。常闔戶。人不識其面。又避謗。不著書。地苦瘴癘。祗爲今古集驗方五十篇示鄉人云。

贊曰。德宗之不亡。顧不幸哉。在危難時聽贄謀。及已平。追仇盡言。怫然以讒倖逐。猶棄梗。至延齡輩。則寵任磐桓。不移如山。昏佞之相濟也。世言贄曰罷翰林。以爲與吳通玄兄弟爭寵。竇參之死。贄漏其言。非也。夫君子小人不兩進。邪諂得君。則正士危。何可訾耶。觀贄論諫數十百篇。譏陳時病。皆本仁義。可爲後世法。炳炳如丹。帝所用纔十一。唐祚不競。惜哉。（唐書陸贄傳）

范文正像

范仲淹傳

范仲淹。字希文。唐宰相履冰之後。其先邠州人也。後徙家江南。遂爲蘇州吳縣人。仲淹二歲而孤。母更適長山朱氏。從其姓。名說。少有志操。既長。知其世家。迺感泣。辭母去。之應天府。依戚同文學。晝夜不息。冬月憊甚。以水沃面。食不給。至以糜粥繼之。人不能堪。仲淹不苦也。舉進士第。爲廣德軍司理參軍。迎其母歸養。改集慶軍節度推官。始還姓。更其名。監泰州西溪鹽稅。遷大理寺丞。徙監楚州糧料院、母喪去官。晏殊知應天府。聞仲淹名。召寘府學。上書請擇郡守。舉縣令。斥游惰。去冗僭。愼選舉。撫將帥。凡萬餘言。服除。以殊薦爲祕閣校理。仲淹汎通六經。長於易。學者多從質問、爲執經講解。亡所倦。嘗推其奉以食四方游士。諸子至易衣而出。仲淹晏如也。每感激論天下事。奮不顧身。一時士大夫矯厲尚風節。自仲淹倡之。天聖七年。章獻太后將以冬至受朝。天子率百官上壽。仲淹極言之。且曰。奉親于內。自有家人禮。顧與百官同列。南面而朝之。不可爲後世法。且上疏請太后還政。不報。尋通判河中府。徙陳州。時方建太一宮。及洪福院。市材木陝西。仲淹言昭應壽寧。天戒不遠。今又侈土木。破民產。非所以順人心合天意也。宜罷修寺觀。減常歲市木之數。以蠲除積負。又言恩倖多以內降除官。非太平之政。事雖不行。仁宗以爲忠。太后崩。召爲右司諫。言事者多暴太后時事。仲淹曰。太后受遺先帝。調護陛下者十餘年。宜掩其小故。以

全后德。帝爲詔中外。毋輒論太后時事。初太后遺誥。以太妃楊氏爲皇太后參決軍國事。仲淹曰。太后。母號也。自古無因保育而代立者。今一太后崩。又立一太后。天下且疑陛下。不可一日無母后之助矣。歲大蝗旱。江淮京東滋甚。仲淹請遣使循行。未報。乃請間曰。宮掖中半日不食當何如。帝惻然。迺命仲淹安撫江淮。所至開倉振之。且禁民淫祀。奏蠲廬舒折役茶。江東丁口鹽錢。且條上捄敝十事。會郭皇后廢。率諫官御史伏閤爭之。不能得。明日將留百官揖宰相廷爭。方至待漏院。有詔出知睦州。歲餘。徙蘇州。州大水。民田不得耕。仲淹疏五河。導太湖注之海。募人興作。未就。尋徙明州轉運使。奏留仲淹。以畢其役。許之。拜尚書禮部員外郎。天章閣待制。召還。判國子監。遷吏部員外郎。權知開封府。時呂夷簡執政。進用者多出其門。仲淹上百官圖。指其次第曰。如此爲序遷。如此爲不次。如此則公。如此則私。況進退近臣。凡超格者。不宜全委之宰相。夷簡不悅。他日論建都之事。仲淹曰。洛陽險固。而汴爲四戰之地。太平宜居汴。卽有事。必居洛陽。當漸廣儲蓄。繕宮室。帝問夷簡。夷簡曰。此仲淹迂闊之論也。仲淹迺爲四論以獻。大抵譏切時政。且曰。漢成帝信張禹。不疑舅家。故有新莽之禍。臣恐今日亦有張禹。壞陛下家法。夷簡怒訴曰。仲淹離間陛下君臣。所引用皆朋黨也。仲淹對益切。由是罷知饒州。殿中侍御史韓瀆希宰相旨。請書仲淹朋黨。揭之朝堂。於是祕書丞余靖上言曰。仲淹以一言忤宰相。遽加貶竄。況前所言者。在陛下母子夫婦之間乎。陛下既優容之矣。臣請追改前命。太子中允尹洙自訟。與仲淹師友。且嘗薦己。願從降黜。館閣校勘歐陽修。以高若訥在諫官。坐視而不言。移書責之。由是三人者偕坐貶。明年。夷簡亦罷。自是朋黨之論興矣。仲淹既去。士大夫爲論薦者不已。仁宗謂宰相張士遜曰。向貶仲淹。爲其密請建立皇太弟故也。今朋黨稱薦如此柰何。再下詔戒敕。仲淹在饒州歲餘。徙潤州。又徙越州。元昊反。召爲天章閣待制。知永興軍。改陝西都轉運使。會夏竦爲陝西經略安撫招討使。進仲淹龍圖閣直學士以副之。夷簡再入相。帝諭仲淹使釋前憾。仲淹頓首謝曰。臣鄉論蓋國家事。於夷簡無憾也。延州諸砦多失守。仲淹自請行。遷戶部郎中兼知延州。先是。詔分邊兵總管領萬人。鈐轄領五千人。都監領三千人。寇至禦之。則官卑者先出。仲淹曰。將不擇人。以官爲先後。取敗之道也。於是大閱州兵。得萬八千人。分爲六。各將三千人。分部教之。量賊衆寡。使更出禦賊。時塞門承平諸砦既廢。用种世衡策。城青澗以據賊衝。大興營田。且聽民得互市。以通有無。又以民遠輸勞苦。請建鄜城爲軍。以河中同華中下戶稅租就輸之。春夏徙兵就食。可省糴十之三。他所減不與。詔以爲康定軍。明年正月。詔諸路入討。仲淹曰。正月塞外大寒。我師暴露。不如俟春深入。賊馬瘦人饑。勢易制也。況邊備漸修。師出有紀。賊雖猖獗。固已懾其氣矣。鄜延密邇靈夏。西羌必由之地也。第按兵不動。以觀其釁。許臣稍以恩信招來之。不然。情意阻絕。臣恐偃兵無期矣。若臣策不効。當舉兵先取綏宥。據要害。屯兵營田。爲持久計。則茶山橫山之民。必挈族來

歸矣。拓疆禦寇。策之上也。帝皆用其議。仲淹又請修承平永平等砦。稍招還流亡。定堡障。通斥候。城十二砦。於是羌漢之民相踵歸業。久之。元昊歸陷將高延德。因與仲淹約和。仲淹爲書戒喻之。會任福敗於好水川。元昊答書。語不遜。仲淹對來使焚之。大臣以爲不當輒通書。又不當輒焚之。宋庠請斬仲淹。帝不聽。降本曹員外郎。知耀州。徙慶州。遷左司郎中。爲環慶路經略安撫緣邊招討使。初元昊反。陰誘屬羌爲助。而環慶酋長六百餘人約爲鄉道。事尋露。仲淹以其反復不常也。至部。卽奏行邊。以詔書犒賞諸羌。閱其人馬。爲立條約。若讎已和。斷輒私報之及傷人者。罰羊百馬二。已殺者斬。負債爭訟聽告官爲理。輒質縛平人者。罰羊五十。馬一。賊馬入界。追集不赴。隨本族每戶罰羊二。質其首領。賊大入。老幼入保本砦。官爲給食。卽不入砦。本家罰羊二。全族不至。質其首領。諸羌皆受命。自是始爲漢用矣。改邠州觀察使。仲淹表言。觀察使班待制下。臣守邊數年。羌人頗親愛臣。呼臣爲龍圖老子。今退而與王興朱觀爲伍。第恐爲賊輕矣。辭不拜。慶之西北馬鋪砦。當後橋川口。在賊腹中。仲淹欲城之。度賊必爭。密遣子純祐與蕃將趙明先據其地。引兵隨之。諸將不知所向。行至柔遠。始號令之。版築皆具。旬日而城成。卽大順城是也。賊覺。以騎三萬來戰。佯北。仲淹戒勿追。已而果有伏。大順旣城。而白豹金湯皆不敢犯。環慶自此寇益少。明珠滅臧勁兵數萬。仲淹聞涇原欲襲討之。上言曰。二族道險不可攻。前日高繼嵩已喪師。平時且懷反側。今討之。必與賊表裏。南入原州。西擾

鎮戎。東侵環州。邊患未艾也。若北取細腰胡蘆衆泉爲堡障以斷賊路。則二族安。而環州鎮戎徑道通徹。可無憂矣。其後遂築細腰胡蘆諸砦。葛懷敏敗於定川。賊大掠至潘原。關中震恐。民多竄山谷間。仲淹率衆六千。由邠涇援之。聞賊已出塞。乃還。始定川事聞。帝按圖謂左右曰。若仲淹出援。吾無憂矣。奏至。帝大喜曰。吾固知仲淹可用也。進樞密直學士右諫議大夫。仲淹以軍出無功。辭不敢受命。詔不聽。時已命文彥博經略涇原。帝以涇原傷夷。欲對徙仲淹。遣王懷德喻之。仲淹謝曰。涇原地重。第恐臣不足當此路。與韓琦同經略涇原。並駐涇州。琦兼秦鳳。臣兼環慶。涇原有警。臣與韓琦合秦鳳環慶之兵。掎角而進。若秦鳳環慶有警。亦可率涇原之師爲援。臣當與琦練兵選將。漸復橫山。以斷賊臂。不數年間。可期平定矣。願詔龐籍兼領環慶。以成首尾之勢。秦州委文彥博。慶州用滕宗諒總之。孫沔亦可辦集渭州。一武臣足矣。帝采用其言。復置陝西路安撫經略招討使。以仲淹韓琦龐籍分領之。仲淹與琦開府涇州。而徙彥博帥秦。宗諒帥慶。張亢帥渭。仲淹爲將。號令明白。愛撫士卒。諸羌來者。推心接之不疑。故賊亦不敢輒犯其境。元昊請和。召拜樞密副使。王舉正懦默不任事。諫官歐陽修等言仲淹有相材。請罷舉正用仲淹。遂改參知政事。仲淹曰。執政可由諫官而得乎。固辭不拜。願與韓琦出行邊。命爲陝西宣撫使。未行。復除參知政事。會王倫寇淮南。州縣官有不能守者。朝廷欲按誅之。仲淹曰。平時諱言武備。寇至而專責守臣。死事可乎。守令皆不得誅。帝方銳意太

平。數問當世事。仲淹語人曰。上用我至矣。事有先後久安之弊。非朝夕可革也。帝再賜手詔。又爲之開天章閣。召二府條對。仲淹皇恐。退而上十事。一曰明黜陟。二府非有大功大善者不遷。內外須在職滿三年。在京百司非選舉而授。須通滿五年。乃得磨勘。庶幾考績之法矣。二曰抑僥倖。罷少卿監以上。乾元節恩澤。正郎以下。若監司邊任。須在職滿三年。始得蔭子。大臣不得薦子弟任館閣職。任子之法無冗濫矣。三曰精貢舉。進士諸科。請罷糊名法。參考履行無闕者以名聞。進士先策論。後詩賦。諸科取兼通經義者。賜第以上皆取詔裁。餘優等免選注官。次第人守本科選。進士之法可以循名而責實矣。四曰擇長官。委中書樞密院先選轉運使提點刑獄大藩知州。次委兩制三司御史臺開封府官諸路監司。舉知州通判。知州通判舉知縣令。限其人數。以舉主多者從中書選除。刺史縣令可以得人矣。五曰均公田。外官廩給不均。何以求其爲善耶。請均其入。第給之。使有以自養。然後可以責廉節。而不法者可誅廢矣。六曰厚農桑。每歲預下諸路。風吏民言農田利害。堤堰渠塘。州縣選官治之。定勸課之法。以興農利。減漕運。江南之圩田。浙西之河塘。隳廢者可興矣。七曰修武備。約府兵法。募畿輔彊壯爲衞士。以助正兵。三時務農。一時教戰。省給贍之費。畿輔有成法。則諸道皆可舉行矣。八曰推恩信。赦令有所施行。主司稽違者。重寘於法。別遣使按視其所當行者。所在無廢格上恩者矣。九曰重命令。法度所以示信也。行之未幾。旋即釐改。請政事之臣。參議可以久行者。刪去

煩冗。裁爲制敕。行下。命令不至於數變更矣。十曰減徭役。戶口耗少。而供億滋多。省縣邑戶少者爲鎭。併使州兩院爲一職。官白直給以州兵。其不應受役者悉歸之農。民無重困之憂矣。天子方信嚮仲淹。悉采用之。宜著令者。皆以詔書畫一頒下。獨府兵法衆以爲不可而止。又建言周制三公。分兼六官之職。漢以三公分部六卿。唐以宰相分判六曹。今中書古天官冢宰也。樞密院古夏官司馬也。四官散於羣有司。無三公兼領之重。而二府惟進擢差除。循資級議賞罰。檢用條例而已。上非三公論道之任。下無六卿佐王之職。非治法也。臣請倣前代以三司司農審官流內銓三班院國子監太常刑部審刑大理羣牧殿前馬兵軍司各委輔臣兼判其事。凡官吏黜陟。刑罰重輕。事有利害者。並從輔臣予奪。其體大者。二府僉議奏裁。臣請自領兵賦之職。如其無補。請先黜降。章得象等皆曰不可。久之。乃命參知政事賈昌朝領農田。仲淹領刑法。然卒不果行。初仲淹以忤呂夷簡放逐者數年。士大夫持二人曲直。交指爲朋黨。及陝西用兵。天子以仲淹士望所屬。拔用之。及夷簡罷。召還。倚以爲治。中外想望其功業。而仲淹以天下爲己任。裁削倖濫。考覈官吏。日夜謀慮。興致太平。然更張無漸。規摹闊大。論者以爲不可行。及按察使出。多所舉劾。人心不悅。自任子之恩薄。磨勘之法密。僥倖者不便。於是謗毀稍行。而朋黨之論浸聞上矣。會邊陲有警。因與樞密副使富弼請行邊。於是以仲淹爲河東陝西宣撫使。賜黃金百兩。悉分遺邊將。麟州新罹入寇。言者多請棄之。仲淹爲修故砦。招

還流亡三千餘戶。蠲其稅。罷榷酤予民。又奏免府州商稅。河外遂安。比去。攻者益急。仲淹亦自請罷政事。迺以爲資政殿學士。陝西四路宣撫使。知邠州。其在中書所施爲。亦稍稍沮罷。以疾請鄧州。進給事中。徙荆南。鄧人遮使者請留。仲淹亦願留鄧。許之。尋徙杭州。再遷戶部侍郎。徙青州。會病甚。請潁州。未至而卒。年六十四。贈兵部尚書。謚文正。初仲淹病。帝常遣使賜藥存問。既卒。嗟悼久之。又遣使就問其家。既葬。帝親書其碑曰褒賢之碑。仲淹內剛外和。性至孝。以母在時方貧。其後雖貴。非賓客不重肉。妻子衣食。僅能自充。而好施予。置義莊里中。以贍族人。汎愛樂善。士多出其門下。雖里巷之人。皆能道其名字。死之日。四方聞者。皆爲歎息。爲政尚忠厚。所至有恩。邠慶二州之民與屬羌皆畫像立生祠事之。及其卒也。羌酋數百人哭之如父。齋三日而去。四子純祐純仁純禮純粹。

論曰。自古一代帝王之興。必有一代名世之臣。宋有仲淹諸賢。無愧乎此。仲淹初在制中。遺宰相書。極論天下事。他日爲政。盡行其言。諸葛孔明草廬始見昭烈數語。生平事業。備見於是。豪傑自知之審。類如是乎。考其當朝。雖不能久。然先憂後樂之志。海內固已信其有弘毅之器。足任斯責。使究其所欲爲。豈讓古人哉。（宋史范仲淹傳）

司馬文正像

司馬光傳

司馬光。字君實。陝州夏縣人也。父池。天章閣待制。光生七歲。凛然如成人。聞講左氏春秋。愛之。退爲家人講。卽了其大指。自是手不釋書。至不知饑渴寒暑。羣兒戲于庭。一兒登甕。足跌。没水中。衆皆棄去。光持石擊甕破之。水迸。兒得活。其後京洛間畫以爲圖。仁宗寶元初。中進士甲科。年甫冠。性不喜華靡。聞喜宴。獨不戴花。同列語之曰。君賜不可違。乃簪一枝。除奉禮郎。時池在杭。求簽蘇州判官事以便親。許之。丁內外艱。執喪累年。毀瘠如禮。服除。簽書武成軍判官事。改大理評事。補國子直講。樞密副使龐籍薦爲館閣校勘。同知禮院。中官麥允言死。給鹵簿。光言繁纓以朝。孔子且猶不可。允言近習之臣。非有元勳大勞。而贈以三公官。給一品鹵簿。其視繁纓不亦大乎。夏竦賜謚文正。光言此謚之至美者。竦何人。可以當之。改文莊。加集賢校理。從龐籍辟通判幷州。麟州。屈野河西多良田。夏人蠶食其地。爲河東患。籍命光按視。光建築二堡以制夏人。募民耕之。耕者衆則糴賤。亦可漸紓河東貴糴遠輸之憂。籍從其策。而麟將郭恩勇且狂。引兵夜渡河。不設備。沒於敵。籍得罪去。光三上書。自引咎。不報。籍沒。光升堂拜其妻如母。撫其子如昆弟。時人賢之。改直祕閣開封府推官。交趾貢異獸。謂之麟。光言眞僞不可知。使其眞。非自至不足爲瑞。願還其獻。又奏賦以風。脩起居注。判禮部。有司奏日當食。故事。食不滿分。或京師不見。皆表賀。光

司馬文正公

司馬光傳

[illegible]

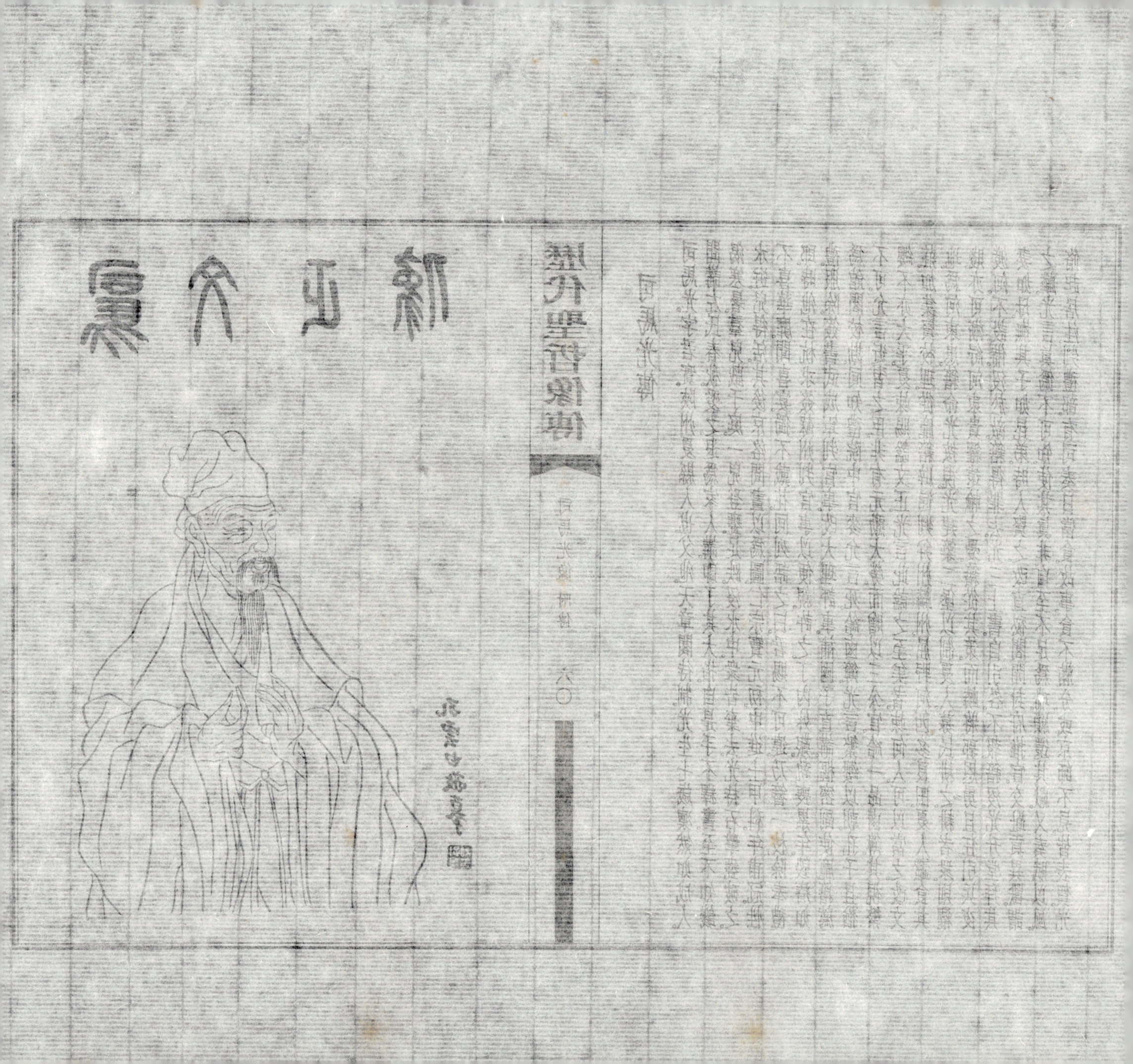

言四方見。京師不見。此人君爲陰邪所蔽。天下皆知。而朝廷獨不知。其爲災當益甚。不當賀。從之。同知諫院蘇轍答制策切直。考官胡宿將黜之。光言轍有愛君憂國之心。不宜黜。詔寘末級。仁宗始不豫。國嗣未立。天下寒心。而莫敢言。諫官范鎮首發其議。光在并州聞而繼之。且貽書勸鎮以死爭。至是復面言。臣昔通判并州。所上三章。願陛下果斷力行。帝沉思久之。曰。得非欲選宗室爲繼嗣者乎。此忠臣之言。但人不敢及耳。光曰。臣言此。自謂必死。不意陛下開納。帝曰。此何害。古今皆有之。光退。未聞命。復上疏曰。臣向者進說。意謂即行。今寂無所聞。此必有小人言陛下春秋鼎盛。何遽爲不祥之事。小人無遠慮。特欲倉卒之際。援立其所厚善者耳。定策國老。門生天子之禍。可勝言哉。帝大感動。曰。送中書。光見韓琦等曰。諸公不及今定議。異日禁中夜半出寸紙。以某人爲嗣。則天下莫敢違。琦等拱手曰。敢不盡力。未幾。詔英宗判宗正。辭不就。遂立爲皇子。又稱疾不入。光言皇子辭不貲之富。至于旬月。其賢于人遠矣。然父召無諾。君命召。不俟駕。願以臣子大義責皇子。宜必入。英宗遂受命。兗國公主嫁李瑋。不相能。詔出瑋衛州。母楊歸其兄璋。主入居禁中。光言陛下追念章懿太后。故使瑋尚主。今乃母子離析。家事流落。獨無雨露之感乎。瑋既黜。主安得無罪。帝悟。降主沂國。待李氏恩不衰。進知制誥。固辭。改天章閣待制。兼侍講知諫院。時朝政頗姑息。胥史諠譁則逐中執法。輦官悖慢則退宰相。衛士凶逆而獄不窮治。軍卒詈三司使。而以爲非犯階級。光言皆陵遲之漸。不可以

不正。充媛董氏薨。贈淑妃。輟朝成服。百官奉慰。定謚。行冊禮葬。給鹵簿。光言董氏秩本微。病革方拜充媛。古者婦人無謚。近制惟皇后有之。鹵簿本以賞軍功。未嘗施於婦人。唐平陽公主有舉兵佐高祖。定天下功。乃得給。至韋庶人。始令妃主葬日皆給鼓吹。非令典不足法。時有司定後宮封贈法。后與妃俱贈三代。光論妃不當與后同。袁盎引却慎夫人席。正爲此耳。天聖親郊太妃。止贈二代。而况妃乎。英宗立。遇疾。慈聖光獻后同聽政。光上疏曰。昔章獻明肅有保佑先帝之功。特以親用外戚小人。負謗海內。今攝政之際。大臣忠厚如王曾。清純如張知白。剛正如魯宗道。質直如薛奎者。當信用之。猥鄙如馬季良。讒諂如羅崇勳者。當疏遠之。則天下服。帝疾愈。光料必有追隆本生事。即奏言漢宣帝爲孝昭後。終不追尊衛太子史皇孫。光武上繼元帝。亦不追尊鉅鹿南頓君。此萬世法也。後詔兩制集議濮王典禮。學士王珪等相視莫敢先。光獨奮筆書曰。爲人後者。爲之子。不得顧私親。王宜準封贈期親尊屬故事。稱爲皇伯。高官大國。極其尊榮。議成。珪即命吏。其以手藁爲按。既上。與大臣意殊。御史六人爭之力。皆斥去。光乞留之不可。遂請與俱貶。初。西夏遣使致祭。延州指使高宜押伴。傲其使者。侮其國主。使者訴於朝。光與呂誨乞加宜罪。不從。明年。夏人犯邊。殺略吏士。趙滋爲雄州。專以猛悍治邊。光論其不可。至是契丹之民捕魚界河。伐柳白溝之南。朝廷以知雄州李中祐爲不材。將代之。光謂國家當戎夷附順時。好與之計較末節。及其桀驁。又從而姑息之。近者西禍生於高

宜。北禍起於趙滋。時方賢此二人。故邊臣皆以生事爲能。漸不可長。宜敕邊吏疆場細故。輒以矢刃相加者罪之。仁宗遺賜直百餘萬。光率同列三上章。謂國有大憂。中外窘乏。不可專用乾興故事。若遺賜不可辭。宜許侍從上進金錢。佐山陵。不許。光乃以所得珠爲諫院公使錢。金以遺舅氏。義不藏于家。后還政。有司立式。凡后有所取用。當覆奏乃供。光云。當移所屬使立供己。乃具數白后。以防矯僞。曹佾無功除使相。兩府皆遷官。光言陛下欲以慰母心而遷除無名。則宿衞將帥。內侍小臣。必有覬望。已而遷都知任守忠等官。光復爭之。國論守忠大姦。陛下爲皇子。非守忠意。沮壞大策。離間百端。賴先帝不聽。及陛下嗣位。反覆交構。國之大賊。乞斬於都市以謝天下。責守忠爲節度副使蘄州安置。天下快之。詔刺陝西義勇二十萬。民情驚撓。而紀律疎略不可用。光抗言其非。持白韓琦。琦曰。兵貴先聲。諒祚方桀驁。使驟聞益兵二十萬。豈不震慴。光曰。兵之貴先聲。爲無其實也。獨可欺之於一日之間耳。今吾雖益兵。實不可用。不過十日。彼將知其詳。尚何懼。琦曰。君但見慶曆間鄉兵刺爲保捷。憂今復然。已降敕榜與民約。永不充軍戍邊矣。光曰。朝廷嘗失信。民未敢以爲然。雖光亦不能不疑也。琦曰。吾在此。君無憂。光曰。公長在此地可也。異日他人當位。因公見兵用之運糧戍邊。反掌間事耳。琦嘿然。而訖不爲止。不十年。皆如光慮。王廣淵除直集賢院。光論其姦邪不可近。昔漢景帝重衞綰。周世宗薄張美。廣淵當仁宗之世。私自結於陛下。豈忠臣哉。宜黜之以厲天下。進龍圖閣直學士。神宗卽位。擢爲翰林學士。光力辭。帝曰。古之君子。或學而不文。或文而不學。惟董仲舒揚雄兼之。卿有文學。何辭爲。對曰。臣不能爲四六。帝曰。如兩漢制詔可也。且卿能進士取高第。而云不能四六何邪。竟不獲辭。御史中丞王陶以論宰相不押班罷。光代之。光言陶由論宰相罷。則中丞不可復爲臣。願俟既押班。然後就職。許之。遂上疏論脩心之要三。曰仁。曰明。曰武。治國之要三。曰官人。曰信賞。曰必罰。其說甚備。且曰。臣獲事三朝。皆以此六言獻。平生力學所得。盡在是矣。御藥院內臣國朝常用供奉官以下。至內殿崇班則出。近歲暗理官資。非祖宗本意。因論高居簡姦邪。乞加遠竄。章五上。帝爲出居簡。盡罷寄資者。既而復留二人。光又力爭之。張方平參知政事。光論其不協物望。帝不從。還光翰林兼侍讀學士。光常患歷代史繁。人主不能遍覽。遂爲通志八卷以獻。英宗悅之。命置局祕閣續其書。至是神宗名之曰資治通鑑。自製序授之。俾日進讀。詔錄潁邸直省官四人爲閤內祗候。光曰。國初草創。天步尚艱。故御極之初。必以左右舊人爲腹心耳目。謂之隨龍。非平日法也。閤門祗候。在文臣爲館職。豈可使廝役爲之。西戎部將嵬名山。欲以橫山之衆取諒祚以降。詔邊臣招納其衆。光上疏極論。以爲名山之衆。未必能制諒祚。幸而勝之。滅一諒祚。生一諒祚。何利之有。若其不勝。必引衆歸我。不知何以待之。臣恐朝廷不獨失信諒祚。又將失信於名山矣。若名山餘衆尚多。還北不可。入南不受。窮無所歸。必將突據邊城以救其命。陛下不見侯景之事乎。上不聽。遣將种諤發

兵迎之。取綏州。費六十萬。西方用兵。蓋自此始矣。百官上尊號。光當答詔。言先帝親郊。不受尊號。末年有獻議者。謂國家與契丹往來通信。彼有尊號。我獨無。於是復以非時奉册。昔匈奴冒頓。自稱天地所生日月所置。匈奴大單于。不聞漢文帝復爲大名以加之也。願追述先帝本意。不受此名。帝大悅。手詔奬光。使善爲答辭。以示中外。執政以河朔旱傷。國用不足。乞南郊勿賜金帛。詔學士議。光與王珪王安石同見。光曰。救災節用。宜自貴近始。可聽也。安石曰。常衮辭堂饌時。以爲衮自知不能。當辭位不當辭祿。且國用不足。非當世急務。所以不足者。以未得善理財者故也。光曰。善理財者。不過頭會箕斂爾。安石曰。不然。善理財者。不加賦而國用足。光曰。天下安有此理。天地所生財貨百物。不在民則在官。彼設法奪民。其害乃甚於加賦。此蓋桑羊欺武帝之言。太史公書之。以見其不明耳。爭議不已。帝曰。朕意與光同。然姑以不允答之。會安石草詔引常衮事責兩府。兩府不敢復辭。安石得政。行新法。光逆疏其利害。邇英進讀至曹參代蕭何事。帝曰。漢常守蕭何之法。不變可乎。對曰。寧獨漢也。使三代之君。常守禹湯文武之法。雖至今存可也。漢武取高帝約束紛更。盜賊半天下。元帝改孝宣之政。漢業遂衰。由此言之。祖宗之法不可變也。呂惠卿言先王之法。有一年一變者。正月始和。布法象魏是也。有五年一變者。巡守考制度是也。有三十年一變者。刑罰世輕世重是也。光言非是。其意以風朝廷耳。帝問光。光曰。布法象魏。布舊法也。諸侯變禮易樂者。王巡守則誅之。不自變也。刑新國用輕典。亂國用重典。是爲世輕世重。非變也。且治天下。譬如居室。敝則脩之。非大壞不更造也。公卿侍從皆在此。願陛下問之。三司使掌天下財。不才而黜可也。不可使執政侵其事。今爲制置三司條例司何也。宰相以道佐人主。安用例。苟用例。則胥吏矣。今爲看詳中書條例司何也。惠卿不能對。則以他語詆光。帝曰。相與論是非耳。何至是。光曰。平民舉錢出息。尚能蠶食下戶。況縣官督責之威乎。惠卿曰。青苗法願取則與之。不願不強也。光曰。愚民知取債之利。不知還債之害。非獨縣官不強。富民亦不強也。昔太宗平河東。立糴法。時米斗十錢。民樂與官爲市。其後物貴而和糴不解。遂爲河東世世患。臣恐異日之青苗。亦猶是也。帝曰。坐倉糴米。何如。坐者皆起。光曰。不便。惠卿曰。糴米百萬斛。則省東南之漕。以其錢供京師。光曰。東南錢荒而粒米狼戾。今不糴米而漕錢。棄其有餘。取其所無。農末皆病矣。侍講吳申起曰。光言至論也。它日留對。帝曰。今天下洶洶者。孫叔敖所謂國之有是。衆之所惡也。光曰。然。陛下當論其是非。今條例司所爲。獨安石韓絳惠卿以爲是耳。陛下豈能獨與此三人共爲天下邪。帝欲用光。訪之安石。安石曰。光外託劘上之名。內懷附下之實。所言盡害政之事。所與盡害政之人。而欲寘之左右。使與國論。此消長之大機也。光才豈能害政。但在高位。則異論之人倚以爲重。韓信立漢赤幟。趙卒氣奪。今用光。是與異論者立赤幟也。安石以韓琦上疏。臥家求退。帝乃拜光樞密副使。光辭之曰。陛下所以用臣。蓋察其狂直。庶有補於國家。若徒以祿位榮之。

而不取其言。是以天官私非其人也。臣徒以祿位自榮。而不能救生民之患。是盜竊名器。以私其身也。陛下誠能罷制置條例司。追還提舉官。不行青苗助役等法。雖不用臣。臣受賜多矣。今言青苗之害者。不過謂使者騷動州縣。爲今日之患耳。而臣之所憂。乃在十年之外。非今日也。夫民之貧富。由勤惰不同。惰者常乏。故必資於人。今出錢貸民。而斂其息。富者不願取。使者以多散爲功。一切抑配。恐其逋負。必令貧富相保。貧者無可償。則散而之四方。富者不能去。必責使代償。數家之負。春算秋計。展轉日滋。貧者既盡。富者亦貧。十年之外。百姓無復存者矣。又盡散常平錢穀。專行青苗。它日若思復之。將何所取。富室既盡。常平已廢。加之以師旅。因之以饑饉。民之羸者必委死溝壑。壯者必聚而爲盜賊。此事之必至者也。抗章至七八。帝使謂曰。樞密兵事也。官各有職。不當以他事爲辭。對曰。臣未受命。則猶侍從也。於事無不可言者。安石起視事。光乃得請。遂求去。以端明殿學士知永興軍宣撫使。下令分義勇戍邊。選諸軍驍勇士。募市井惡少年爲奇兵。調民造乾糒。悉修城池樓櫓。關輔騷然。光極言公私困敝不可舉事。而京兆一路。皆內郡繕治。非急宣撫之令。皆未敢從。若乏軍興。臣當任其責。於是一路獨得免徙。知許州。趣入覲不赴。請判西京御史臺。歸洛。自是絕口不論事。而求言詔下。光讀之感泣。欲嘿不忍。乃復陳六事。又移書責宰相吳充。事見充傳。蔡天申爲察訪。妄作威福。河南尹轉運使敬事之如上官。嘗朝謁應天院神御殿。府獨爲設一班。示不敢與抗。光顧謂臺吏曰。引蔡寺丞歸本班吏。即引天申立監竹木務官富贊善之下。天申窘沮。即日行。元豐五年。忽得語澁疾。疑且死。豫作遺表置臥內。即有緩急。當以畀所善者上之。官制行。帝指御史大夫曰。非司馬光不可。又將以爲東宮師傅。蔡確曰。國是方定。願少遲之。資治通鑑未就。帝尤重之。以爲賢於荀悅漢紀。數促使終篇。賜以穎邸舊書二千四百卷。及書成。加資政殿學士。凡居洛陽十五年。天下以爲眞宰相。田夫野老。皆號爲司馬相公。婦人孺子。亦知其爲君實也。帝崩。赴闕臨。衞士望見。皆以手加額曰。此司馬相公也。所至民遮道聚觀。馬至不得行。曰公無歸洛。留相天子。活百姓。哲宗幼冲。太皇太后臨政。遣使問所當先。光謂開言路。詔榜朝堂。而大臣有不悅者。設六語云。若陰有所懷。犯非其分。或扇搖機事之重。或迎合已行之令。上以徼倖希進。下以眩惑流俗。若此者。罰無赦。后復命示光。光曰。此非求諫。乃拒諫也。人臣惟不言。言則入六事矣。乃具論其情。改詔行之。於是上封者以千數。起光知陳州。過闕。留爲門下侍郎。蘇軾自登州召還。緣道人相聚號呼曰。寄謝司馬相公。毋去朝廷。厚自愛。以活我。是時天下之民。引領拭目以觀新政。而議者猶謂三年無改於父之道。但毛舉細事。稍塞人言。光曰。先帝之法。其善者雖百世不可變也。若安石惠卿所建。爲天下害者。改之當如救焚拯溺。況太皇太后以母改子。非子改父。衆議甫定。遂罷保甲團教。不復置保馬。廢市易法。所儲物皆鬻之。不取息。除民所欠錢。京東鐵錢及茶鹽之法。皆復其舊。或謂光曰。熙豐舊臣多憸巧小人。他日有

以父子義間上。則禍作矣。光正色曰。天若祚宗社。必無此事。於是天下釋然。曰。此先帝本意也。元祐元年。復得疾。詔朝會再拜。勿舞蹈。時青苗免役將官之法猶在。而西戎之議未決。光嘆曰。四患未除。吾死不瞑目矣。折簡與呂公著云。光以身付醫。以家事付愚子。惟國事未有所託。今以屬公。乃論免役五害。乞直降敕罷之。諸將兵皆隸州縣。軍政委守令。通決廢提舉常平司。以其事歸之轉運提點刑獄。邊計以和戎爲便。謂監司多新進少年。務爲刻急。令近臣於郡守中選舉。而於通判中舉轉運判官。又立十科薦士法。皆從之。拜尚書左僕射。兼門下侍郎。免朝覲。許乘肩輿。三日一入省。光不敢當。曰。不見君。不可以視事。詔令子康扶入對。且曰。毋拜。遂罷青苗錢。復常平糶糴法。兩宮虛己以聽。遼夏使至。必問光起居。敕其邊吏曰。中國相司馬矣。毋輕生事。開邊隙。光自見言行計從。欲以身徇社稷。躬親庶務。不舍晝夜。賓客見其體羸。舉諸葛亮食少事煩以爲戒。光曰。死生命也。爲之益力。病革。不復自覺。諄諄如夢中語。然皆朝廷天下事也。是年九月薨。年六十八。太皇太后聞之慟。與帝卽臨其喪。明堂禮成不賀。贈太師溫國公。襚以一品禮服。賻銀絹七千。詔戶部侍郎趙瞻、內侍省押班馮宗道護其喪。歸葬陝州。謚曰文正。賜碑曰忠清粹德。京師人罷市往弔。鬻衣以致奠。巷哭以過車。及葬。哭者如哭其私親。嶺南封州父老亦相率具祭。都中及四方皆畫像以祀。飲食必祝。光孝友忠信。恭儉正直。居處有法。動作有禮。在洛時。每往夏縣展墓。必過其兄旦。旦年將八十。奉之如嚴父。保

之如嬰兒。自少至老。語未嘗妄。自言吾無過人者。但平生所爲。未嘗有不可對人言者耳。誠心自然。天下敬信。陝洛間皆化其德。有不善。曰君實得無知之乎。光於物澹然無所好。於學無所不通。惟不喜釋老。曰。其微言不能出吾書。其誕吾不信也。洛中有田三頃。喪妻。賣田以葬。惡衣菲食以終其身。紹聖初。御史周秩首論光誣謗先帝。盡廢其法。章惇蔡卞請發冢斲棺。帝不許。乃令奪贈謚。仆所立碑。而惇言不已。追貶清遠軍節度副使。又貶崖州司戶參軍。徽宗立。復太子太保。蔡京擅政。復降正議大夫。京撰姦黨碑。令郡國皆刻石。長安石工安民當鐫字。辭曰。民愚人。固不知立碑之意。但如司馬相公者。海內稱其正直。今謂之姦邪。民不忍刻也。府官怒。欲加罪。泣曰。被役不敢辭。乞免鐫安民二字於石末。恐得罪於後世。聞者愧之。靖康元年。還贈謚。建炎中。配饗哲宗廟廷。

論曰。熙寧新法病民。海內騷動。忠言讜論。沮抑不行。正人端士。擯棄不用。聚斂之臣日進。民被其虐者將二十年。方是時。光退居於洛。若將終身焉。而世之賢人君子。以及庸夫愚婦。日夕引領望其爲相。至或號呼道路。願其毋去朝廷。是豈以區區材智所能得此於人人哉。德之盛而誠之著也。一旦起而爲政。毅然以天下自任。開言路。進賢才。凡新法之爲民害者。次第取而更張之。不數月之間。剗革略盡。海內之民。如寒極而春。旱極而雨。如解倒懸。如脫桎梏。如出之水火之中也。相與咨嗟歎息。懽欣鼓舞。甚若更生。一變而爲嘉祐治平之治。君子稱其有旋乾轉坤之功。而光於是亦

老且病矣。天若祚宋。憖遺一老。則姦邪之勢未遽張。紹述之說未遽行。元祐之臣固無恙也。人衆能勝天。靖康之變。或者其可少緩乎。借曰有之。當不至如是其酷也。詩曰。哲人云亡。邦國殄瘁。嗚呼。悲夫。（宋史司馬光傳）

周濂溪像

李鴻梁敬摹

周敦頤傳

周敦頤。字茂叔。道州營道人。元名敦實。避英宗舊諱改焉。以舅龍圖閣學士鄭向任爲分寧主簿。有獄久不決。敦頤至。一訊立辨。邑人驚曰。老吏不如也。部使者薦之。調南安軍司理參軍。有囚。法不當死。轉運使王逵欲深治之。逵。酷悍吏也。衆莫敢爭。敦頤獨與之辨。不聽。乃委手版歸。將棄官去。曰。如此尚可仕乎。殺人以媚人。吾不爲也。逵悟。囚得免。移郴之桂陽令。治績尤著。郡守李初平賢之。語之曰。吾欲讀書何如。敦頤曰。公老無及矣。請爲公言之。二年。果有得。徙知南昌。南昌人皆曰。是能辨分寧獄者。吾屬得所訴矣。富家大姓。黠吏惡少。惴惴焉不獨以得罪於令爲憂。而又以汚穢善政爲恥。歷合州判官。事不經手。吏不敢決。雖下之。民不肯從。部使者趙抃惑於譖口。臨之甚威。敦頤處之超然。通判虔州。抃守虔。熟視其所爲。乃大悟。執其手曰。吾幾失君矣。今而後乃知周茂叔也。熙寧初。知郴州。用抃及呂公著薦。爲廣東轉運判官。提點刑獄。以洗冤澤物爲己任。行部不憚勞苦。雖瘴癘險遠。亦緩視徐按。以疾求知南康軍。因家廬山蓮花峯下。前有溪。合於湓江。取營道所居濂溪以名之。抃再鎮蜀。將奏用之。未及而卒。年五十七。黃庭堅稱其人品甚高。胸懷灑落。如光風霽月。廉於取名。而銳於求志。薄於徼福。而厚於得民。菲於奉身。而燕及煢嫠。陋於希世。而尚友千古。博學力行。著太極圖。明天理之根源。究萬物之終始。其說曰。無極而

太極。太極動而生陽。動極而靜。靜而生陰。靜極復動。一動一靜。互爲其根。分陰分陽。兩儀立焉。陽變陰合而生水火木金土。五氣順布。四時行焉。五行一陰陽也。陰陽一太極也。太極本無極也。五行之生也。各一其性。無極之眞。二五之精。妙合而凝。乾道成男。坤道成女。二氣交感。化生萬物。萬物生生而變化無窮焉。惟人也得其秀而最靈。形既生矣。神發知矣。五性感動而善惡分。萬事出矣。聖人定之以中正仁義而主靜。立人極焉。故聖人與天地合其德。日月合其明。四時合其序。鬼神合其吉凶。君子修之吉。小人悖之凶。故曰。立天之道。曰陰與陽。立地之道。曰柔與剛。立人之道。曰仁與義。又曰原始反終。故知死生之說。大哉易也。斯其至矣。又著通書四十篇。發明太極之蘊。序者謂其言約而道大。文質而義精。得孔孟之本源。大有功於學者也。掾南安時。程珦通判軍事。視其氣貌非常人。與語。知其爲學知道。因與爲友。使二子顥頤往受業焉。敦頤每令尋孔顏樂處。所樂何事。二程之學源流乎此矣。故顥之言曰。自再見周茂叔後。吟風弄月以歸。有吾與點也之意。侯師聖學於程頤未悟。訪敦頤。敦頤曰。吾老矣。說不可不詳。留對榻夜談。越三日乃還。頤驚異之曰。非從周茂叔來耶。其善開發人類此。嘉定十三年。賜謚曰元公。淳祐元年。封汝南伯。從祀孔子廟庭。二子壽燾。燾官至寶文閣待制。(宋史周敦頤傳)